LE
SÉMINARISTE,

PAR RABAN.

TOME QUATRIEME.

Paris,

TENON, LIBRAIRE,

RUE HAUTEFEUILLE, N° 30.

1834.

LE
SÉMINARISTE.

Ouvrages du même auteur:

LE CURÉ CAPITAINE, 2 vol. in-12.
LE MARQUIS DE LA RAPIÈRE, 2 vol.
MONSIEUR CORBIN, 2 vol.
ALEXIS, ou LES DEUX FRÈRES, 2 vol.
BLAISE L'ÉVEILLÉ, 3 vol.
LES CUISINIÈRES, 2 vol.
LE COMTE ORY, 3 vol.
L'INCRÉDULE, 2 vol.
MON COUSIN MATHIEU, 2 vol.
LE PRISONNIER, 3 vol.
LA FILLE DU COMMISSAIRE, 3 vol.
LE GENTHILHOMME NORMAND, 4 vol.
LE CONSCRIT, 3 vol.
LA PATROUILLE GRISE, 4 vol.

Sous presse :

L'INVALIDE, 4 vol. in-12.
LE MENDIANT, 4 vol.

IMPRIMERIE DE MARCHAND DU BREUIL,
rue de la Harpe, n° 90.

LE
SÉMINARISTE,

PAR RABAN.

TOME QUATRIÈME.

Paris,

TÉNON, LIBRAIRE,
RUE HAUTEFEUILLE, Nº 30.

1831.

LE
SÉMINARISTE.

CHAPITRE PREMIER.

Le séminaire.—L'Hôtel-Dieu.—L'hôtel du marquis.
, —Surprise des Bertrand.

Jules n'étant pas rentré au logis, M. Hubert ne douta point que
le supérieur de Saint-Sulpice ne se
fût montré favorable aux désirs de
son neveu et ne l'eût admis de nouveau dans le sacré bercail.

Cependant avant d'aller le com-
plimenter , ou plutôt lui marquer
son étonnement d'une aussi heureuse

réception, il passa chez madame Bertrand, qui lui en manifesta sa joie.

Eh bien ! dit-elle à son frère, te voilà attrapé, Jules est rentré au séminaire !

— Eh bien, ma chère sœur, Jules est un fou, et toi.....

— Une folle ?

— Une écervelée ! Jules ne sera jamais qu'un mauvais prêtre.

— Tais-toi, prophète de malheur !

— Je te le répète, Jules est faible; sans courage pour se défendre contre ses passions, il y succombera toujours : les fleuves ne remontent pas à leur source, disait Marat.

— Il y est.

— Y demeurera-t-il?

— Je l'espère!...

— Avant de lui envoyer ses effets, je vais le voir, car est-il bon que je sache si sa détermination est irrévocable.

— Je voudrais apprendre qu'il a changé! comme je le rappellerais à la raison!

— Mais, ma sœur, pour lui faire l'obligation de vivre selon tes désirs et de sacrifier son bonheur à un avenir qui peut lui échapper, il faudrait éteindre en lui cette sève de vie qui fait bouillonner son sang et le soumet à l'entraînement de son imagination.

— Tout cela est fort beau; mais j'entends que Jules soit curé, et il le

sera : une bonne cure, mon frère,
c'est une bague au doigt.

— Continue tes rêves, ma sœur ;
je vais au séminaire.

Et en effet, M. Hubert se mit en
chemin , laissant sa sœur bâtir le
presbytère où doit finir sa vieillesse,
et lui-même indécis sur sa conduite
ultérieure à l'égard de son neveu.

Le portier lui répondit : Je ne sais
ce que vous voulez dire, monsieur.
Un jeune homme nommé Jules , autrefois de la maison, est venu hier
matin causer avec monsieur le supérieur , mais je ne l'ai pas vu depuis.

— Comment ? Jules , mon neveu,
n'est pas entré ici hier soir, à cinq
heures ?

— Je vous l'affirme, monsieur. Au surplus, si vous voulez prendre la peine de monter chez monsieur le supérieur, vous en aurez la certitude.

Et le supérieur lui dit :

« J'avais donc raison, monsieur, de le renvoyer au soir, puisqu'il a réfléchi que sa vocation l'appelait ailleurs. Mieux vaut qu'il ne soit pas revenu parmi nous, car je vois avec vous que nous n'aurions pu le conserver. Qu'est-il devenu ? N'ayant aucune idée de ses habitudes, je ne saurais pressentir ce qu'il a pu faire. Peut-être a-t-il été la victime de quelque événement fâcheux, et j'en serais désespéré ; peut-être, si sa famille se montrait trop exigeante, s'est-il retiré vers quelque parent, ce que je désire. On fait un ouvrier, on ne fait pas un prêtre ; l'église veut le désir et la foi. Je regrette que la grâce n'ait pas été plus efficace dans le cœur de Jules, car ce jeune homme eût pu devenir une de nos lumières et servir la cause de Dieu, dans un temps où le besoin de dévouement aux autels se fait sentir plus que jamais ! Quand il reviendra à vous, dites-lui, je vous en prie, monsieur, qu'il s'épargne un refus de ma part en ne frappant plus à la porte de cette sainte maison, qui lui sera fermée désormais ».

Le vieil Hubert se retira frappé de la fermeté de caractère du supérieur, et, quoique inquiété par l'absence de Jules, charmé de ne l'avoir pas trouvé dans cette prison.

L'espoir le ramena chez lui ; mais Jules n'y était pas, et ne s'y était même pas montré.

Ignorant le sort de Juliette, le bon Hubert pensa que les jeunes gens s'étaient rencontrés. Cette pensée le tranquillisa.

Il se disposait à sortir, lorsqu'une vénérable sœur de la charité vint le prier de se rendre à l'Hôtel-Dieu.

Selon le désir de la malade qui le faisait appeler, la sœur tut son nom, de sorte que, s'il n'eût pu obtenir d'elle la connaissance du sexe de la personne qui le demandait, il aurait cru que son Jules avait été atteint de quelque mal subit, et qu'il était à toute extrémité ; il se serait désolé.

Un fiacre les transporta promptement à l'hospice fondé par saint Landry , séjour de misère et de désespoir, où Gilbert a laissé un souvenir de sa tristesse et de son génie.

La sœur conduisit le bienfaisant Hubert dans la salle Sainte-Marthe , au dernier lit, à gauche, tout près de la salle de garde , approcha seule , comme pour prévenir la malade , entr'ouvrit les rideaux, et fit signe à Hubert qu'il pouvait se présenter.

— Juliette ! vous à l'Hôtel-Dieu !

— Pardon , monsieur Hubert, de

vous avoir dérangé, lui dit-elle d'une voix languissante.

— Juliette, vous avez donc cessé de m'aimer ?

— Oh non, monsieur Hubert !

— Vous avez donc douté de mon amitié ?

— Oh non !

— Pourquoi ne m'avoir pas écrit ? pas une seule fois de vos nouvelles ! c'est mal !

— Monsieur Hubert, j'ai hésité long-temps !

— Ai-je hésité, moi, lorsque j'ai été sans façon m'installer chez vous ?

— J'ai craint de vous être importune !

— Malade, malheureuse, et préférer un hôpital à un ami, à un tendre ami! Juliette, votre silence m'a chagriné, mais ce que j'apprends maintenant me fait beaucoup de peine!

— Monsieur, cette jeune personne paraît avoir l'âme noble et fière.

— Ma sœur, qu'on ait l'âme noble et fière, c'est très-bien : Mirabeau aussi avait l'âme noble et fière! mais il n'aurait pas craint de s'adresser à un ami.

— Monsieur Hubert, puisque la sœur s'est éloignée, je vous en prie, donnez-moi des nouvelles de Jules.

— Ma foi, ma petite Juliette, il n'y a pas une demi-heure que je le supposais auprès de vous.

— Auprès de moi!

— Oui, auprès de vous.

— Il vous a donc quitté?

— De la modération, jolie malade, de la modération ; je vais vous expliquer tout cela. Jules commençait à être grand garçon quand vous cessâtes tout-à-coup vos intéressantes visites. Ne vous voyant plus, une forte mélancolie s'empara de lui, et alors l'assaillirent de nouveau ses idées de religion. Il voulut rentrer au séminaire, croyant son bonheur, ou au moins la paix de son âme attachée à ce parti extrême. Je le combattis vainement...

— Pauvre Jules !

— Je le combattis vainement. Un beau matin, il s'en alla chez le supé-

rieur de Saint-Sulpice, qui le ren-
voya à cinq heures du soir, et à cinq
heures il y retourna : sa crainte était
qu'on ne l'admît point. Pour moi,
je comptais beaucoup sur un refus.

— Pauvre Jules !

— Vous jugez bien que sa mère se
mourait de plaisir, car savoir un curé
dans sa famille est son unique envie.
Après avoir embrassé sa mère, son
père et moi aussi, il partit ; j'obser-
vai cependant qu'il était très-ému en
me serrant la main.

— Ce pauvre Jules !

— Ma belle, on n'interrompt pas
ainsi constamment l'orateur. Le soir
il ne revint pas, et la nuit fut mau-
vaise pour moi, tellement, que la tête

me tournait le matin et que mes
jambes étaient lourdes. Quoi qu'il en
soit, je courus chez madame Bertrand, afin de m'assurer que Jules n'y
avait pas couché, et de là au séminaire : Jules n'y était point; on l'y
avait aperçu la veille au matin, pas
le soir.

— Mon Dieu! que sera-t-il devenu?

— Étourdi de ce coup imprévu, je
m'en félicitai d'abord, parce que, à
mes yeux, rien de pire que cet em-
prisonnement volontaire et que cette
vie contre nature qu'on y mène. Et
tout aussitôt après je pensai que vous
vous étiez vus et que votre tendresse
mutuelle l'avait aisément emporté.
Toutes ces choses se passaient hier et

ce matin. Rentré au logis, arriva la sœur qui me conduisit près de vous. Je me suis donc trompé.

— Monsieur Hubert, où peut-il être?

— Mon enfant, je vous ferai la même question : où peut-il être?

— Jules! Jules!

— Si vous pleurez de la sorte, vous vous rendrez plus malade, et alors, Juliette, je ne viendrai plus.

— Maintenant, monsieur Hubert, vous me feriez mourir!

— A Dieu ne plaise! je vous aime trop, Juliette. Où diable me faut-il le chercher?

— Monsieur Hubert, si mademoiselle Eugénie avait touché son père?

— Ce n'est pas possible, Juliette.
Le marquis est un vieil aristocrate qui
ne connaît que les parchemins. Un
homme sans noblesse, il le tient pour
homme sans honneur. Et Dieu sait
d'où sortent la plupart de ces parche-
ministes! Puis, s'il eût consenti spon-
tanément au mariage de sa fille, sa
première démarche eût été pour
M. et madame Bertrand; ainsi je
ne crois pas que Jules soit de ce côté.
Pourtant, comme il ne faut rien né-
gliger en pareille circonstance, je
vous promets de vous dire demain la
vérité à ce sujet.

— Monsieur, je dois vous prévenir que la santé de cette jeune malade
exige qu'on ne la fatigue pas.

— Ma sœur, je vous comprends.

— Ma mère, encore un moment!

— Ma fille, dans votre état on ne saurait avoir trop de prudence. Vous avez lutté heureusement contre un grand danger, il ne faut pas y retomber.

— La sœur a raison, Juliette. Je vous reverrai demain.

— Demain, monsieur, vous ne pourriez point entrer; mais vous me demanderez; on me nomme la sœur...

M. Hubert remercia la sœur, baisa la main amaigrie de Juliette, et se retira.

Suivant son projet, M. Hubert alla rôder autour de l'hôtel du mar-

quis, dans l'espérance qu'une occasion se présenterait d'instruire
mademoiselle Eugénie qu'il était là.

Depuis un quart d'heure il faisait
sentinelle, lorsqu'un des domestiques
du marquis, un de ceux qui avaient
figuré dans la scène du cabinet, traversant la rue, se trouva pour ainsi
dire nez à nez avec lui.

Le domestique crut devoir l'abor-
der pour en obtenir, dans l'intérêt
de son maître, quelques renseignemens utiles, et M. Hubert ne chercha point à l'éviter, comptant bien
tirer de lui quelques lumières.

Après s'être salués et avoir échangé
plusieurs de ces questions de politesse
que les hommes ont l'habitude de

s'adresser, le domestique entra en matière.

— Vous aviez peut-être l'intention de voir M. le marquis?

— Non.

— Il n'est pas à l'hôtel.

— Je n'ai nullement besoin de lui. Je me suis arrêté devant cette maison par souvenir du passé.

— Vous étiez en colère.

— J'avais raison.

— A dire vrai, M. le marquis est quelquefois brutal. Si la condition n'était pas aussi bonne, je l'aurais quitté déjà. On se soumet, en attendant.

— Les grands d'autrefois et les grands d'aujourd'hui se ressemblent

par tous les bouts : servir les nobles
de tous les temps ou les riches de ce-
lui-ci, c'est une triste chose, croyez-le.
Êtes-vous à peu près bien ? restez-y :
vous ne seriez peut-être pas mieux
ailleurs.

— C'est possible..... Et M. votre
neveu, comment se porte-t-il ?

— Parfaitement.

— Est-il toujours au séminaire ?

— Toujours.

— J'avais entendu raconter une
histoire.....

— Celle qui m'amena auprès du
marquis ?

— Plus récente.

— Je ne sais ce que vous voulez

dire. Je m'intéresse particulièrement
à mon neveu, et vous en avez eu la
preuve : instruisez - moi ; je vous en
prie ; ce sera un service important
que vous me rendrez.

— Vous ignorez donc qu'il n'est
pas au séminaire ?

— Pas au séminaire ?... Vous vous
trompez, il y est rentré hier matin.

— Je vous jure, comme vous êtes
honnête homme, qu'il n'y est pas...
Vous me paraissez si franc, si ouvert,
que je ne puis vous refuser une confi-
dence...; d'ailleurs, il s'agit de votre
neveu, de même qu'il s'agit de sa
fille... Me promettez-vous le secret ?

— Je vous le promets... De grâce,
dépêchez ! les mauvaises nouvelles me

font peur! aussi je n'aime pas les attendre!

— Sachez donc... Je compte sur votre discrétion... Vous ne voudriez pas me priver de ma place...

— Ne craignez rien : parlez , parlez !

— Sachez donc que M. le marquis a pris ses informations aujourd'hui même au séminaire , et que votre neveu, qui devait en effet y entrer hier soir, n'y a pas paru , et qu'il a enlevé mademoiselle Eugénie !..... Chut!... Un homme est venu , il y a un moment, apporter une lettre de mademoiselle. M. le marquis n'a rien pu apprendre de lui, et quand il a ordonné de courir après , probablement pour le garder et le livrer à

la police, l'homme était déjà loin!...
A quoi pensez-vous donc?... Ça vous
chagrine?...

— Oui, cet enlèvement me peine.
Pourquoi ce diable de marquis n'a-
t-il pas donné Jules à sa fille qui le
voulait? Jules est un brave garçon.

— Je vous réponds que si le marquis peut l'attraper...!

— Il ne sait donc pas où sont nos
deux fous?

— L'homme s'est obstiné à le taire.

— Surcroît d'embarras. Ces événemens dérangent mes projets. Écoutez:
rapportez au marquis notre conversa-
tion; dites-lui que si je puis découvrir le lieu où sont nos enfans, je me
hâterai de l'en instruire; mais que,

de son côté, s'il le savait avant moi,
je le prie de m'en faire part. Voilà
mon adresse.

Ils se séparèrent assez contens l'un
de l'autre, surtout de leur propre
adresse.

M. Hubert ne douta pas que
cette fuite n'eût été combinée, con-
certée à l'avance. Néanmoins, en y
réfléchissant, il en reconnut l'im-
possibilité : depuis sa maladie, Jules
n'avait point vu mademoiselle Eugénie. Cet enlèvement ne pouvait donc
être que la suite d'un événement
fortuit, qu'il ne devinait pas.

Tout fâché qu'il était contre Jules,
il hésitait à porter la connaissance de
son inconduite à ses parens. Mais sa-

chant bien que madame Bertrand ne manquerait pas d'aller au séminaire pour prendre des informations sur son fils, il préféra s'en expliquer avec elle sur-le-champ.

Après de longues phrases préparatoires et des citations plus ou moins appropriées à la circonstance, tirées des opinions des membres de la constituante et de la convention, notre républicain donna sa nouvelle.

Je ne crois pas nécessaire de peindre la scène qui suivit : madame Bertrand se livra une millième fois à tout l'emportement de son caractère difficile ; il y eut du bruit dans la maison, et tout le voisinage ne tarda pas à être dans le secret.

CHAPITRE II.

——

Lettres.—Retour inutile.—Que devenir?

Le soleil avait déjà parcouru la moitié de sa carrière lorsque Jules sonna. Il finissait sa toilette. La belle indécise de la veille, au bruit des pas de la servante, pria Jules de laisser tomber les rideaux de l'alcove, comme s'il eût été possible de dissimuler la vérité : c'était le dernier cri de la pudeur.

— Mademoiselle, veuillez bien commander une tasse de chocolat pour made...... pour madame , et une tranche de pâté pour moi.

— A l'instant, monsieur, répondit la domestique en retenant son sourire.

Eugénie se leva enfin , et Jules remplit près d'elle les fonctions de femme de chambre. La fatigue qu'elle avait essuyée , les craintes et les plaisirs de sa position nouvelle la rendaient plus tendre, plus belle, plus intéressante aux yeux de son amant, dont les transports éclataient sans mesure et sans fin.

—Mon Jules, tu me fais chérir les sacrifices que j'ai faits !

— Mon Eugénie, il n'est pas de bonheur égal à celui que je tiens de toi !

— Jules, je serai toujours heureuse si tu conserves le souvenir des momens qui se sont écoulés depuis hier!

— Eugénie, je n'en perdrai la mémoire qu'avec la vie!

— Tes embrassemens, mon Jules, jettent du feu dans mon cœur!

— Les tiens, Eugénie, m'enlèvent au monde entier!...

— Jules, mon ami, approche-moi ce fauteuil ; mes jambes tremblent sous moi !

— Que mes baisers, Eugénie, te rendent force et courage !

— Jules..., chut! on monte !

La domestique servit le déjeûner.

— Comment vous nomme-t-on, mademoiselle ?

— Marguerite, monsieur.

— Indiquez-nous, Marguerite, où sont situés les bains de Versailles.

— Il y a plusieurs maisons, monsieur; mais on préfère celle de M. Redon, attenant aux petites écuries royales, sur l'avenue de Paris. C'est là que M. Muret envoie tous ses voyageurs.

— Bien, Marguerite.

Ils déjeûnèrent de fort bon appétit, après quoi vinrent les réflexions sur la conduite qu'il leur fallait tenir.

Jules voulait écrire à son oncle pour le prier d'aller voir le marquis; Eugénie penchait pour une lettre à son père. Ce dernier parti adopté,

on demanda du papier, une plume
et de l'encre à Marguerite, et Eugénie écrivit :

« Monsieur le marquis,

« Mon absence a dû porter l'alarme
dans votre cœur paternel. Au nom du
ciel, entendez-moi, pardonnez-moi!

«Vous vouliez me marier à M. de
Marinac, que vous jugiez digne de
votre fille. L'était-il, cet homme
qui voulait m'obtenir malgré moi? je
vous le laisse à juger.

« En vain j'avais imploré la justice
de son frère; en vain j'avais espéré
vous attendrir sur mon sort : votre détermination était prise, irrévocable-
ment prise, et je n'avais plus à moi

que quelques heures de liberté. Il me
fallait céder ou fuir : je me décidai à
fuir , effrayée que j'étais de l'avenir
qu'on prétendait imposer à ma jeunesse ; entraînée d'ailleurs par une de
ces circonstances imprévues qui don-
nent quelquefois l'élan à une vie en-
tière , et déterminent les caractères
qui en frapperont toutes les phases.

« Mon père, je vous en fais l'aveu,
je ne puis plus être qu'à Jules... à ce
Jules que vous enlevâtes à l'état qu'il
était appelé à suivre par la volonté
de ses parens, à qui , pour prix d'a-
voir sauvé votre fille , vous avez long-
temps laissé l'espoir d'un bonheur qui
eût été le mien !

« Plus calme ce matin, mais non

moins tranquille en vous écrivant, je
sens l'énormité de la faute que j'ai
commise en fuyant un père qui m'aime,
pour lequel j'eusse sans hésiter donné
ma vie , s'il eût compris mon cœur ,
s'il n'eût pas prétendu soumettre à
des préjugés de caste les plus tendres
sentimens de la nature.

« Les désirs d'un bon père sont
d'assurer la félicité de ses enfans ,
parce qu'il revit en eux , parce qu'on
ne fait pas sciemment le malheur de
ceux qu'on chérit , parce qu'on ne se
voit pas sans une grande joie entouré
de toute une famille qui rapporte sans
cesse sa satisfaction et ses plaisirs à
leur auteur.

« Gémissez avec moi sur le passé, mon père, mais, au nom du ciel, pardonnez à un égarement dont vous pouvez d'un mot arrêter les suites funestes. Dites, oh! je vous en supplie! dites que vous êtes prêt à nous recevoir dans vos bras paternels, et mon mari et moi, car Jules est maintenant mon mari, nous volerons au-devant de vous, et notre soumission et notre amour vous feront oublier des torts qui n'ont été que l'effet d'un concours de circonstances douloureuses.

« Un mot, mon père, de grâce, un mot en faveur de votre fille unique!

« Ne doutez point, monsieur le

marquis , du profond respect de vos enfans.

« EUGÉNIE. »

Ce n'était pas assez d'avoir écrit cette lettre , il fallait la faire porter à Paris par un homme intelligent et sûr, qui ne compromît pas les deux amans, et fût assez adroit pour échapper aux investigations du marquis.

Jules pensa qu'il trouverait son homme dans un des bureaux des voitures publiques.

En traversant la place du Château , préoccupé des idées qui le dominaient dans cet instant , un individu se présente à lui et l'arrête en s'écriant :

Jules à Versailles !

IV.   4

—Boisjoli ! c'est le ciel qui t'envoie !

— Il paraît, notre ancien père noble , que nous nous rencontrons toujours dans les grandes occasions, et à propos pour toi !

— Que je suis heureux que tu sois à Versailles , mon cher Jacques !..... C'est-à-dire heureux.... Que fais-tu ici ?

— Tu sais, Jules, que je destine mes talens à briller sur les théâtres de la capitale : eh bien , je m'en rapproche tant que je puis en passant de troupe en troupe jusqu'à celle qui se trouve la plus rapprochée de Paris : le théâtre de Versailles jouit de l'avantage de me posséder.

— Diable! ton théâtre pourrait déranger mes projets!

— Nous verrons, mon cher Jules. Nous resterons la journée ensemble, car je suis libre : les jours de répétition, je ne joue pas, et je sors de la répétition.

— Dieu soit loué!

— Explique-toi.

Jules lui fit assez brièvement le récit de ses aventures depuis leur séparation, et vint enfin à ce qu'il souhaitait de son amitié.

Boisjoli était obligeant; il ne se fit pas prier. Voyant, de loin, les voyageurs monter dans la voiture de Paris, il courut demander s'il y avait place pour lui, s'empara de la seule qui restât et partit, promettant à son ami zèle, prudence, activité.

Le marquis n'était pas à l'hôtel quand Boisjoli s'y présenta ; il attendit près d'une heure. La grande porte s'ouvrit, le marquis descendit de son landaw, et le messager s'approchant lui dit à mi-voix : Monsieur le marquis, je vous apporte des nouvelles.

Ils traversèrent avec rapidité les appartemens, et ne s'arrêtèrent que dans le cabinet du marquis. La lettre lue, ce dialogue suivit :

— Il paraît, monsieur, que vous avez la confiance de ma fille, puisqu'elle vous a chargé de cette démarche.

—Monsieur le marquis, je suis l'ami

intime de Jules...; nous avons fait nos premières classes ensemble.....

— Voulez-vous bien, monsieur, me dire où ma fille s'est retirée?

— Je ne le puis.

— Vous savez la vérité, monsieur, et vous devinez aisément la peine extrême que me fait éprouver l'égarement d'une fille que je chéris ; la voir, la ramener à de meilleurs sentimens, la rendre à ses devoirs, c'est tout ce que je désire : homme d'honneur, votre cœur ne vous dit-il pas ce qu'un homme d'honneur se croit en droit d'espérer de vous?

— Monsieur le marquis, j'ai promis le silence, je le garderai.

— Mais ce silence est une injure à la morale.

— Monsieur le marquis, simple commissionnaire, j'apporte une lettre et j'attends la réponse.

— Et si, pour réponse, j'appelais la justice à mon secours, croyez-vous, monsieur, que vous échapperiez à l'accusation de complicité d'un enlèvement ?

— Monsieur le marquis, avant la révolution, les menaces d'un noble eussent fait trembler un pauvre petit comédien ; mais aujourd'hui, malgré le pouvoir que leur donne la victoire de la restauration, on ne s'effraie plus devant eux.

— Vous êtes donc comédien !

— Oui, monsieur le marquis, et ma réputation est assez bien établie dans toute la circonscription du premier arrondissement théâtral.

— Et vous êtes l'ami de ce malheureux Jules...

— Oui, monsieur le marquis. Nés la même année, nous avons suivi les mêmes classes.

— L'intendant des Menus-plaisirs et le vicomte Sosthène de Larochefoucauld sont de mes amis : le nom du séjour de ma fille, et, foi de marquis, je vous fais jouir de tous les avantages de la carrière que vous parcourez.

—Menaces et captation ! Monsieur le marquis, la probité est au théâtre

comme partout ailleurs : je ne trahi-
rai point l'amitié,

— Et vous trahissez la nature !

— Me permettez-vous, monsieur le
marquis, de hasarder un avis?

— Parlez : puis-je ne pas tout entendre !

— Jules est un très-honnête garçon,
qui pourrait aller loin s'il était aidé.
Ce qui est fait est fait, et personne
au monde n'y saurait rien changer.
Mademoiselle votre fille a prouvé son
éloignement invincible pour vos an-
ciens projets et son penchant bien
décidé pour Jules. La colère, le bruit,
la séparation, en supposant qu'elle
soit possible aujourd'hui, irriteraient
les esprits, nuiraient à l'unité de la

famille, ameneraient de mauvais résultats : pardonner est le meilleur parti à prendre. Écoutez, monsieur le marquis, j'ai vu maintes fois ces positions-là au théâtre, et tous les auteurs ont été d'accord sur ce point, qu'un père, pour éviter un mal pire, doit céder à la nécessité.

— Oui, au théâtre. Cet entretien me brise l'âme ! Sans entrer dans l'explication de la conduite que je tiendrai, voici ma réponse : que ma fille revienne, seule, qu'elle s'en remette à la générosité de son père, et nous verrons ensuite.

— Vous n'ajoutez pas quelque chose pour Jules, monsieur le marquis !

— Qu'il encourage ma fille à recourir aux bontés de son père, et plus tard je lui en saurai gré.

— Vos restrictions vont nuire à ma négociation. Je vous le répète, mademoiselle Eugénie ne consentira jamais à quitter Jules.

— Si son cœur ne lui parle pas assez haut en faveur de son père, je dois l'abandonner. Sa faute a détruit mon bonheur; le souvenir qu'elle en conservera me vengera de son ingratitude.

—C'est là le dernier mot d'un père?

— Le dernier !

Boisjoli quitta l'hôtel. Craignant d'être suivi, il alla se promener quelques instans dans les corridors de l'Odéon, en sortit par la porte de derrière, monta dans un cabriolet, se fit conduire sous le vestibule du Vaudeville, gagna à pied les voitures de la rue de Rohan, et eut assez de bonheur pour trouver place dans la dernière de celles qui partaient ce jour-là. Il arriva à dix heures à Versailles.

Les jeunes gens ne comptaient plus sur lui; ils étaient couchés. Il frappa plusieurs fois à leur porte, et on la lui ouvrit enfin, après qu'il eut dit son nom et juré qu'il était seul.

Il rendit un compte fort étendu de sa mission, dans lequel l'éloge de son adresse et de son éloquence fut loin d'être oublié, et il conclut à la persévérance dans le silence le plus obstiné.

Jules lui fit de vifs remercîmens, et l'engagea au déjeûner du lendemain.

Boisjoli fut exact. Il répéta tout ce qu'il avait dit la veille, avec quelques circonstances brillantes de son imagination, et paya son écot en véritable comédien, c'est-à-dire en élevant les qualités solides de son ami Jules, et en mettant au-dessus de toutes les beautés qu'il eût vues les charmes de la noble mademoiselle Eugénie. Cependant lorsqu'il serra la main de Jules, au moment de s'en séparer, il lui dit à l'oreille : Malgré les parchemins et les seize ans de ta belle enlevée, Juliette était plus séduisante !

Douze jours passèrent, et Eugénie voulut tenter une seconde fois de toucher son père. Boisjoli se chargea volontiers de sa lettre.

Le marquis s'était adressé au préfet de police, dont les agens, contens des libéralités du client, lui donnaient chaque jour un espoir qu'ils n'avaient pas eux-mêmes. Il les pressait d'autant plus qu'il s'attendait à des changemens notables dans sa position.

En lui remettant son message Boisjoli le trouva très-sévère. L'audience fut courte. « Dites à ma fille qu'elle se range volontairement et sans condition à son devoir, sinon que je saurai bien l'y forcer. » Boisjoli reporta cette réponse fière à son ami, qu'une

telle rigueur surprit beaucoup. Eugénie commença à penser, mais sans
le communiquer à Jules, qu'elle eût
dû réfléchir plus mûrement avant
d'agir, et qu'elle ferait bien de s'en
remettre à discrétion à son père.

On patienta cependant. Il y avait
près d'un mois qu'ils étaient venus à
Versailles sans s'être préparés à un
aussi long séjour. La bourse de Jules
était épuisée ; le produit de la vente
d'un brillant d'Eugénie baissait pro-
digieusement ; l'avenir ne montrait
que des ressources incertaines : que
faire dans ces extrémités pénibles ?

Incapable de ces mesures énergi-
ques qui maîtrisent les coups du sort,
Jules ne portait ses regards que sur son

oncle Hubert. Eugénie, plus prompte
à se décider, crut que l'unique moyen
était d'aller à son père, et de lui dé-
clarer que, portant dans son sein un
fruit de leur union, leur mariage ne
pouvait plus être refusé ni différé ;
que si le marquis, abusant de son au-
torité, la voulait garder malgré elle,
l'amour l'éclairerait assez pour se
soustraire à sa violence.

Jules céda en pleurant : se séparer
d'Eugénie pendant quelques heures,
c'était un tourment qu'il n'avait pas
prévu. Les sermens, les caresses d'Eugénie le calmèrent un peu, et Eugénie se rendit à Paris.

Un fiacre la descendit auprès de

l'hôtel, dont elle approcha en trem-
blant, ayant à peine la force de le-
ver le marteau.

Ce n'était plus le même suisse. Elle
demanda le marquis. Que devint-elle
en apprenant qu'il était parti, la veille,
pour l'Allemagne, avec la qualité
d'ambassadeur, après avoir loué son
hôtel à un seigneur russe ! La foudre
l'eût frappée moins rudement que
cette nouvelle.

Elle se retira. A qui s'adresser ?
Plusieurs parens habitaient Paris :
oserait-elle leur confier sa honte !

Eugénie revint auprès de Jules.
Que devenir ? On tint conseil devant
Boisjoli, qui leur fit cette proposition :

Si j'avais de l'argent, je vous dirais : prenez, et rendez-vous chez votre tante. Je n'en ai pas, ni vous non plus. Restez donc ici jusqu'à son retour. Nécessité est un grand maître, et sa voix est puissante : que Jules se fasse de nouveau comédien. Je parlerai pour lui à mon directeur, et je le ferai facilement admettre dans la troupe sous un nom supposé. Votre tante reviendra, et vos ennuis cesseront. Beaucoup de grands seigneurs, pendant les malheurs de l'émigration, auraient été contens de rencontrer une pareille ressource contre leurs besoins.

Jules ne répondit pas ; Eugénie se

serait bien gardée de communiquer toute sa pensée.

Bref, la misère imposa silence à la répugnance et à l'orgueil, et Jules débuta bientôt.

CHAPITRE III.

Entrevue sans résultat.—Nouvelles inattendues.—
Voyage inutile.

Le silence de Jules durait depuis
près d'un mois ; madame Bertrand
répétait chaque jour à son frère que
sans ses mauvais principes Jules ha-
biterait encore le séminaire ; qu'il lui
avait gâté l'esprit, corrompu le cœur,
et que seul il était l'auteur de toutes
les fautes de son neveu.

Hubert, excellent homme, sup-
portait patiemment les attaques de sa
sœur, dont il partageait sincèrement

le chagrin ; car , se disait-il , une mère qui souffre fait respecter les plaintes les moins justes.

Poussé à fin de patience par les cris journaliers de madame Bertrand , il se décida à demander une entrevue au marquis , afin de tenter un rapprochement que les événemens pouvaient rendre jusqu'à un certain point indispensable.

En entrant dans la cour de l'hôtel , il vit des gens occupés à charger une voiture de voyage , et le domestique avec lequel il avait eu un long entretien dans la rue , allant et venant des appartemens à la berline , et de la berline aux appartemens.

Il l'aborda , le priant de dire au

marquis qu'il désirait le voir; le domestique prévint son maître, et puis introduisit M. Hubert.

Les formes du dialogue ôtent à la narration une partie de sa vivacité; mais elles ont cet avantage de mieux identifier avec les personnages, et c'est ce motif qui m'a engagé à les adopter souvent.

LE MARQUIS.

Vous venez précisément, monsieur, pour assister à mon départ?

M. HUBERT.

Vous quittez Paris, monsieur?

LE MARQUIS.

Oui, monsieur. Je suis appelé à une ambassade en Allemagne.

M. HUBERT.

Êtes-vous assez heureux pour emmener mademoiselle Eugénie?

LE MARQUIS.

.Votre question m'étonne : vous avez donc revu votre indigne neveu ?

M. HUBERT.

Vergniaud, à la tribune, réclamait toujours des explications sans amertume : suivons sa leçon. Mon neveu est un enfant sans expérience ; jusqu'à ce que nous l'ayons entendu, croyons qu'il n'a commis qu'une faute.

LE MARQUIS.

Une faute ! où est ma fille? où sont-ils tous deux ?

M. HUBERT.

C'est son silence qui excite ma co-

lère. J'ignore où ils se cachent. Encore si j'étais sûr qu'il ne leur manque rien !.....

LE MARQUIS.

Vous n'avez donc fait aucune démarche pour les découvrir ?

M. HUBERT.

Elles ont été infructueuses. Vous-
même, monsieur, vous vous êtes occupé... ?

LE MARQUIS.

Certainement. Si je pouvais rester
quelques jours de plus à Paris, je les
verrais bientôt en ma possession, tant
la police fait d'efforts pour les trouver.

M. HUBERT.

Voulez-vous me permettre, monsieur, une proposition pleine de franchise, d'amitié, et, selon moi, de raison ?

LE MARQUIS.

Dites, monsieur, dites.

M. HUBERT.

Le mal est fait, et j'en suis autant fâché que vous peut-être ; mais enfin il est fait. L'empire des circonstances soumettra toujours les calculs de la volonté humaine : c'était le sentiment des constituans les plus fameux, et particulièrement...

LE MARQUIS.

De grâce, monsieur, épargnez les citations ; le temps me presse.

M. HUBERT.

Il faut bien s'appuyer sur quelque

chose. Je me soumets. Les événemens entraînent les hommes, même les plus sages : c'est folie de se raidir contre leur exigence. La faute des deux enfans est grande ; mais votre cœur ne vous dit-il pas : à tout péché miséricorde? Les voies du bonheur sont larges et étendues; on y entre par toutes sortes de moyens : nos enfans ont choisi le pire? soit. Avons-nous le pouvoir d'annuler le passé ? non. Courbons-nous sous le joug de la nécessité; empêchons que les résultats d'un malheur qui a trompé notre prévoyance n'amènent des malheurs plus cuisans encore; mettons un terme aux plaintes que nous suggèrent des projets avortés : marions nos deux ingrats.

LE MARQUIS.

Jamais ma fille ne sera la femme d'un séducteur.

M. HUBERT.

Monsieur, ne l'est-elle pas déjà ? Un maire légalise un mariage , il ne le fait pas ; la nature seule y pourvoit.

LE MARQUIS.

C'est la justification de l'inconduite. Je n'y souscrirai jamais.

M. HUBERT.

Ne prenez pas de parti irrévocable. Que feriez-vous si de cette union coupable provenait... un enfant, innocente créature, qu'on ne saurait, sans

l'injustice la plus criante, rendre res-
ponsable de sa naissance ?

LE MARQUIS.

Quelle honte !

M HUBERT.

Un mariage rétablit tout.

LE MARQUIS.

Quoi qu'il arrive, je ne me prêterai
jamais à un pareil scandale. Quel affront pour la famille Rinanval, que
la régularité de ses mœurs a toujours
rendue recommandable !

M. HUBERT.

Il n'y aurait ni honte, ni scandale,
ni affront, si vous le vouliez. Faites
attention , monsieur , que je ne suis
point envoyé par mademoiselle votre
fille, non plus que par Jules ; que je ne

sais où ils se sont réfugiés ; que je ne dé-
fends ici que ma propre opinion, et que
mon unique but est de vous faire goû-
ter une conciliation urgente. Or, un
mariage place les choses dans le meilleur état possible : satisfaction des sentimens de la nature ; rétablissement
des liens relâchés de la famille ; guéri-
son parfaite des blessures de l'orgueil ;
tranquillité, bonheur pour tous. Sans
être riche, je possède une petite fortune ; je la concéderais à Jules en faveur de ce mariage. Les parens de Jules
sont d'une condition peu élevée ; mais
ce sont de braves gens qui aiment leur
fils autant que je l'aime moi-même,
et qui vous donneraient leur cœur en
échange d'un peu d'égard et d'amitié.

LE MARQUIS , ému.

Monsieur Hubert, je vous rends toute justice , vous êtes un digne homme ; si je résiste à vos instances , ce n'est pas parce que je n'apprécie point vos excellentes raisons et le motif louable qui les suggère ; mais écoutez moi : votre probité me fait sentir le besoin de me justifier auprès de vous. Né et retenu fort tard dans des préjugés que je condamne., j'ai suivi le sort de l'émigration, quittant ma patrie avec les princes , n'y rentrant qu'avec eux , vouant au roi mes pensées et mes actions , m'habituant envers lui à une sujétion complète, aveugle je puis dire. Le roi a daigné quelquefois m'entretenir de l'établissement de ma fille, et lorsque je décidai son union avec M. de Marinac, sa majesté l'approuva. Vous concevez qu'en jetant les yeux sur ce personnage je consultai des convenances absurdes bien plutôt que des affections particulières; cela est d'une telle vérité que, si votre neveu tenait en quelque manière que ce fût à une noblesse quelconque, je l'aurais choisi dès long-temps. Vous penserez qu'il faut être fou, et peut-être plus, pour se soumettre à des conventions aussi ridicules, aussi tyranniques; mais, mon cher monsieur, ceux qui y ont vécu savent seuls l'empire qu'elles exercent dans le monde où le hasard nous tient. De plus, ma famille a ses exigences , et c'est à ce point qu'une de mes sœurs ayant épousé un membre du parlement , sans noblesse , auteur de sa propre fortune , ce qui fait l'éloge de ses talens et de sa conduite , elle se vit abandonnée par elle , excepté par moi , et contrainte de ne se montrer que rarement au château. Ces petitesses font pitié à l'homme de sens , et l'on nous punirait de les mépriser ! Vous connaissez ma position , prononcez vous-même.

M. HUBERT.

Je vous plains.

LE MARQUIS.

Monsieur , je vous le dis avec chagrin : dans une heure je serai loin de Paris ; mais on est à la recherche de ma fille, que l'on croit à Paris ou en Normandie, et j'ai donné l'ordre, lorsqu'on aura pu s'en emparer, de la tenir enfermée jusqu'à mon retour.

M. HUBERT.

Ainsi vous sacrifiez à ce que vous appelez des préjugés et des petitesses la liberté et le bonheur de votre fille unique, sans que votre cœur se soulève et se déchire!

LE MARQUIS, très-ému.

Mon cher monsieur, au nom du ciel, ménagez-moi! vous ne pouvez deviner ce que je souffre!

M. HUBERT.

Soit. Au moins, monsieur, ai-je rempli un devoir.

LE MARQUIS , toujours ému.

Je vous le répète , monsieur , je vous rends toute justice.

M. HUBERT.

Il m'était pénible , je vous l'avoue sans détour.

Un domestique vint prévenir le marquis que la voiture était prête , que les chevaux étaient attelés.

Le marquis et M. Hubert échangèrent quelques complimens de civilité et se séparèrent.

M. Hubert retourna chez sa sœur, afin de lui rendre compte de son entrevue avec le marquis. Madame Bertrand trouva que le père d'Eugénie n'avait pas le sens commun ; car, disait-elle , c'est à celui qui casse l'œuf à le manger. Cette comparaison triviale rendait assez son idée ; elle entendait que l'action du mariage ayant été consommée , les enfans ne pouvaient plus être séparés. Madame Bertrand ne concevait pas qu'on établît la supposition qu'une jeune fille pût appartenir successivement à plusieurs hommes. Elle en revint à ses reproches d'habitude , accusant son frère de ses inquiétudes, de ses ennuis, des incartades de son fils, et , comme d'habitude , M. Hubert la quitta en l'envoyant à tous les diables.

Un mois se passa encore sans nouvelles. Malgré les démarches multipliées de la famille et de ses amis , tous en étaient au point de s'en re-

mettre au temps pour leur faire découvrir la retraite des deux ingrats. Madame Bertrand continuait ses gronde-
ries, M. Bertrand ses soupirs prolon-
gés, M. Hubert ses courses à l'Hôtel-
Dieu, où il voyait avec la plus vive
sensibilité la tendre Juliette renaître
par degrés à la vie ; sans une sorte de
faiblesse tenace et ce reste de pâleur
qui dure après la maladie, Juliette
n'aurait eu rien à regretter de ses premiers charmes. C'était là une des re-
marques fréquentes de M. Hubert, qui
aurait passé ses journées auprès d'elle
si l'ordre de la maison l'eût permis.

Jules était souvent le sujet de leurs
conversations. La douce Juliette s'ac-
cusait de toutes les erreurs de son

amant ; elle rappelait qu'il eût pu dé-
pendre d'elle de se l'attacher pour la
vie ; aussi, en comparant les temps,
l'excusait-elle de son oubli actuel,
quoique son cœur en souffrît horri-
blement, plus même qu'elle ne l'a-
vouait, attendu que sa pensée ne
mettait aucun terme au retour de
Jules.

M. Hubert ne se résolvait pas
volontiers à condamner Juliette. Selon lui, la belle enfant devait se
défendre contre l'attachement d'un
homme appelé au service de Dieu,
trop rigoureux en excluant celui des
jolies filles ; ses torts, en les admet-
tant, étaient de mince importance,
quand on leur comparait ceux de son

neveu , sauvé de mort par les soins les plus assidus , le dévouement le plus touchant et le plus tendre.

Un jour, il avait été question entre eux de la sortie de Juliette , et des dispositions à prendre à cet égard ; M. Hubert venait de la quitter , et traversait le parvis Notre-Dame , lorsqu'un jeune homme l'accosta , lui disant : N'est-ce pas à monsieur Hubert que j'ai l'honneur de parler ?

—Oui , monsieur.

—Vous ne me reconnaissez pas , monsieur Hubert ?

—Non , monsieur.

—Comment vous ne reconnaissez pas le petit Jacques, qu'on appelle aujourd'hui Bois-Joli ?

— Ah!... oui... le fils de la mère Benoît, que la bonne femme appelle aujourd'hui son fils le mauvais sujet.

— Précisément.

— Vous a-t-elle bien reçu à votre retour ?

— Je ne l'ai pas encore vue , parceque je ne dois débuter que la semaine prochaine au théâtre de..... sur le boulevard. J'irai la voir le jour de mon début seulement , afin de lui causer une double surprise.

Il lui parla des espérances que lui faisaient naître des talens acquis et des lauriers qu'il s'attendait bien à cueillir sur une scène plus digne de lui , et lui marqua le regret de n'avoir pas pour témoin de son triomphe son ami Jules, forcé de végéter avec un directeur inexact dans ses fins de mois.

Ce nom de Jules frappa M. Hubert. Il questionna Bois-Joli, et apprit de lui tous les détails relatifs à son neveu.

Il aurait voulu pouvoir retourner à la salle de Juliette pour lui raconter sa découverte, mais l'entrée lui en était interdite après trois heures.

Quelques momens suffisent au désordre que sa joie causait à son esprit; il réfléchit plus mûrement ensuite sur ce qu'il avait à faire, et se décida immédiatement.

Il courut chez lui, garnit convenablement son gousset, vola chez les

Bertrand à l'effet de les réjouir de sa découverte et de les tranquilliser, monta dans un cabriolet, se fit conduire en toute hâte au bureau des voitures de Versailles, et se blottit sur l'impériale faute d'autre place.

Le voilà sur la route, respirant l'air vif et pur des champs, et sentant son agitation se calmer peu à peu.

Naît pour lui un embarras qu'il n'avait pas prévu d'abord.

Que fera-t-il de mademoiselle Eugénie, de cette fille coupable d'avoir trahi le noble sang d'un marquis ?

Que fera-t-il de son neveu, traître à l'amitié de la famille, au respect des parens ?

Et si aucun d'eux ne le veut suivre,

quel moyen emploiera-t-il pour les y obliger ?

Entré dans l'avenue de Paris , il est bientôt hors de la voiture, sans avoir pris de résolution fixe ; sa tête était exaltée , son sang brûlait dans ses veines.

Il se reposa un instant , comme pour rallier ses pensées , puis se fit indiquer le chemin de l'hôtel du duc de Berri , comptant de là se rendre au théâtre , et en arracher l'indigne Jules.

Que devint-il en apprenant que Jules était parti pour Paris vers le milieu du jour , et dans un désespoir impossible à exprimer, causé par la fuite de sa femme !

M. Hubert se fit donner tous les

renseignemens ; et , convaincu de leur exactitude , il reprit place dans la voiture de neuf heures , et s'en revint tristement redire aux Bertrand tous les détails de son voyage.

Le pauvre voyageur alla incontinent chez lui , croyant y trouver Jules malheureux : point de Jules !

Où sa douleur l'a-t-elle pu conduire ? Pourvu qu'il n'ait point attenté à ses jours ! s'écria M. Hubert en ouvrant la porte de sa chambre , et en se précipitant sur un fauteuil.

CHAPITRE IV.

Le coucou. — Histoire de Klein. — La prédication
protestante.

C'était un dimanche, et les voyageurs se réunissaient dans le bureau
des diligences ; un homme entre. Il
avait la figure extrêmement altérée,
les yeux rouges, mornes, cavés, les
regards égarés, la cravate et les habits
en désordre.

Je demande une place, dit-il ; je
veux quitter cette ville maudite !

On lui répondit que toutes les voitures étaient pleines et retenues jusqu'à huit heures du soir.

J'en vais chercher ailleurs, reprit-

il; l'air de Versailles est empoisonné;
Et il sortit.

Après de longs détours, il avait
presque oublié le sujet de ses courses,
lorsque, traversant l'avenue de Paris,
un cocher vint crier à ses oreilles :
Paris! Paris! C'était l'honnête propriétaire d'une de ces voitures qu'on
appelait autrefois *pots-de-chambre*, et
qu'on a depuis baptisées du nom de
coucous.

Il y monta, se blottit dans un des
coins du fond, croisa les bras, ferma
les yeux, soupira, se tut, et parut
s'endormir.

Un, deux, trois voyageurs montèrent dans le modeste cabriolet; on
prit en route un lapin; et, arrivé

au bas du quai des Champs-Élysées, le cocher cria : Nous y voici!
Chacun quitta lestement sa place.
Mais notre homme ne bougeait pas.
Monsieur, monsieur, lui dit le cocher en le tirant plusieurs fois fortement par le bras, monsieur, on descend ici !

Il se réveilla, passa lentement sa jambe par-dessus la banquette de devant, posa doucement son pied sur la marche de fer qu'on nomme un *marche-pied*, regarda de quel côté il porterait ses pas, et partit. Le cocher l'arrêta pour réclamer le prix du voyage, qu'il fixa à vingt sous; l'homme paya sans mot dire, et se dirigea vers la place.

A quelque distance de là un autre homme l'accosta.

— Pardon, monsieur, lui dit-il, je suis venu de Versailles dans la même voiture que vous, assis à vos côtés. Il m'a semblé vous reconnaître; mais je n'ai pas voulu interrompre votre recueillement d'abord, puis votre sommeil : si je ne me trompe, vous êtes Jules Bertrand?

— Hélas! oui, monsieur; je suis ce malheureux!... Toutes les peines de l'enfer sont dans mon cœur!...

— Vous m'effrayez, monsieur! Entrons dans les Tuileries, nous causerons plus tranquillement; et peut-être parviendrai-je à diminuer l'agitation où je vous vois.

— Il n'est pas en votre pouvoir de calmer ma douleur !

— L'amitié m'en suggérera sans doute le moyen. Mais savez-vous qui je suis? Le sentiment qui nous unissait n'a-t-il aucune trace de souvenir de votre ancien camarade Henri Klein ?

— Quel temps de bonheur me rappelez-vous?... Vous êtes Henri, oui, je me remets vos traits, que quelques années ont rendus plus sévères et plus mâles, sans les changer pourtant. Si je ne vous ai pas reconnu sur-le-champ, ne m'en voulez pas ; je vous en prie ; la plus atroce des perfidies m'a jeté depuis hier dans l'accablement le plus affreux ! Je vais vous ouvrir mon âme : vous y verrez tous les feux de l'enfer réunis pour la consumer.

— Venez de ce côté , mon cher Jules ; nous nous assiérons sous ces grands arbres , et leur ombrage et leur fraîcheur vous seront également agréables.

Ils montèrent sur la terrasse du bord de l'eau, et, s'asseyant sur un de ces bancs cachés par les charmilles du jardin qui entoure le kiosque construit pour le roi de Rome, Jules fit à son ancien condisciple l'histoire des événemens de sa vie. Arrivé au moment de son entrée forcée au théâtre de Versailles, il continua de la sorte:

Pendant les premiers jours Eugénie refusa de se montrer dans ce théâtre. L'ennui la gagnant, et l'assurance que je lui donnai de la placer dans une loge où elle serait à peine vue du reste des spectateurs la décidant, je la conduisis dans une des loges de côté, la plus rapprochée du théâtre. Je la rejoignis après la représentation, ce que je fis toujours depuis. Elle prit goût à ce plaisir, tellement que le spectacle lui semblait commencer trop tard et finir trop tôt. Enfin hier, jouant dans la dernière pièce, et ne voulant pas la faire attendre, je mis une redingote par-dessus mon costume, et je passai aussitôt dans la salle. Je ne la trouvai point. Je pensai qu'elle avait pu se

trouver indisposée et qu'elle était ren-
trée à l'hôtel. J'y courus, on ne l'y
avait pas vue. Je retournai inutilement
au théâtre. L'inquiétude me gagna.
L'idée me vint d'aller consulter l'ou-
vreuse des premières loges ; j'y volai.
Déjà couchée, elle se leva en gron-
dant, et ne m'apprit rien. Je revenais
à l'hôtel, l'esprit troublé, comme vous
pouvez le croire. Un de mes camarades
m'attendait. J'ai appris d'un garde-du-
corps de mes amis, dont la compagnie
est arrivée aujourd'hui à Versailles
pour remplacer celle de ...., partie
pour Paris, une partie des détails qui
vous intéressent ; montons dans votre
chambre et je vous les dirai. Je ne sa-
vais rien encore, et je souffrais déjà
toutes les peines d'une mort cruelle.

Nous entrons dans ma chambre : Armez-vous, me dit-il, de tout le courage dont Socrate eut besoin quand on lui apporta la ciguë ! Votre Eugénie vous a abandonné pour un officier de la compagnie de ....; elle a quitté Versailles avec lui à huit heures et demie. C'était une affaire décidée depuis plusieurs jours. Il paraît que votre misère l'effrayait ; que l'absence de son père et l'éloignement prolongé de sa tante ne lui laissaient pas l'espoir d'un meilleur avenir prochain. Et puis, les femmes, mon ami, sont sans constance dans le malheur. J'ai vu de grandes passions... Mon ami le comédien continua de parler, mais je ne l'entendis plus. Assis dans un fauteuil, je sentis mon existence tout près de m'échapper. Des larmes me soulagèrent enfin ; je me lamentai fort. J'appelai Eugénie des noms les plus tendres pour lui reprocher son inconduite. Vivre sans elle, m'écriai-je, est impossible : au nom du ciel, mon ami, donnez-moi la mort. Je passai la nuit à pleurer, à me plaindre. Mon ami resta près de moi jusqu'au jour, et ne se retira qu'après m'avoir fait jurer de ne pas attenter à mes jours. A sept heures on me remit la lettre que voici : Lisez, mon cher Klein, lisez.

Klein prit la lettre et lut :

« Il y a deux mois, mon Jules, te perdre eût été pour moi le coup de la mort ; aujourd'hui je te fuis ! je te fuis

volontairement! Ne crois pas que je
sois heureuse : je ne dois plus l'être,
puisque j'ai trompé ta trop confiante
tendresse! Où vais-je? je l'ignore!
Que deviendrai-je? je ne le sais pas!...
Plains-moi, Jules, de l'affreuse extrémité à laquelle notre insupportable position m'a réduite! Quand je
compare les momens passés avec toi
et les momens qui vont suivre, personne au monde n'est plus à plaindre
que moi! Livrée aux embrassemens
d'un autre que mon Jules... Cette
idée est horrible! Et je suis entraînée
à ma perte! Et malgré tout mon
amour pour toi, je suis des pas qui
ne sont pas les tiens! Tu vas me retirer ton cœur, tu le dois : pourtant
je n'y ai jamais attaché plus de prix!

Tant il est vrai qu'on ne sait ce que valait le bien qu'on possédait qu'alors qu'il est perdu! Je me fais des reproches, sois-en sûr, cent fois plus vifs que ceux que tu m'adresses sans doute : et c'est volontairement que je t'abandonne!... Néanmoins, mon ami, réfléchis un peu au sort dont nous étions menacés! Les douze cents francs de ton théâtre auraient-ils pu nous mettre à l'abri du besoin? Seul, et à force de privations, peut-être pourras-tu attendre une meilleure fortune ; ou plutôt, libre de moi, tu retourneras dans ta famille, tu reprendras tes études, tu rentreras dans le chemin que tu t'étais ouvert vers le ciel!... Si c'était Dieu qui eût voulu mon malheur pour te ramener à lui?

Songes-y! nos actions, même les plus innocentes, ne sont-elles pas suggérées par l'auteur de toutes hoses dans des vues d'ordre que nous ne comprenons pas?..... En quittant le lieu où je te laissais, mon courage s'était épuisé, et il ne m'a pas été possible de quitter Versailles!... Je n'y serai plus dans une demi-heure, ma nuit se sera passée à pleurer et à t'écrire!... J'entends déjà le bruit des chevaux!... Jules, c'est en cet instant qu'il me faut tout mon courage, car c'est seulement à présent qu'il faut me séparer de toi!... Jules! Jules! Entends mes gémissemens, et prends pitié de l'état où je suis!

« EUGÉNIE. »

— Vous le voyez, mon ami, c'est la crainte de la misère qui me l'a fait perdre, car elle m'aimait!... Pauvre Eugénie !

— Contenez-vous, Jules!... Ceux qui passent devant nous sont des indifférens ! Ils se moqueraient... ! Dieu a causé votre peine, parce que vous avez oublié que Jésus-Christ a dit : *Je suis la voie, la vérité et la vie.* Vous vous êtes éloigné de lui par l'état de perdition où vous avez vécu; car le concubinage est un état de perdition. Dieu a créé l'homme pour la génération, selon la Genèse, et Jésus-Christ a dit encore, en parlant du célibat : *Tous ne sont pas capables de cette parole.* Si vous vous fussiez marié avec votre maîtresse, elle serait près de vous. Moi aussi j'aimais : c'était une personne toute charmante; je l'ai épousée, suivant en cela le principe de saint Paul, qui veut *que chaque homme ait sa femme.*

— Vous êtes marié?

— Oui.

— Vous avez donc quitté les ordres?

— Non, Jules. Vous sentez-vous capable de me prêter quelque attention? je vous raconterai l'histoire de ma vie.

— Je vous écoute. Aussi bien elle fera trêve à ma douleur profonde!

— Je serai court. Écoutez. Vous avez connu l'abbé R.; c'était lui qui dirigeait nos études. Vous savez que nous allions très-souvent, l'été, à notre maison d'Issy. Mon père possédait une campagne dans le voisinage. Vers la fin de l'hiver de l'année dernière, mon père étant fort malade, je conduisis auprès de lui l'abbé R. , qu'il goûta et qu'il fit appeler plusieurs fois pendant les derniers jours de sa vie. Mon père mourut , et nous laissa dans une désolation extrême, que l'abbé, par des attentions infinies , chercha à nous rendre moins amère.

Une fois introduit chez ma mère , il chercha à la capter par tous les moyens possibles. Il lui parlait de mon père, et lui rappelait la réputa-

tion d'homme de bien qu'il avait ac-
quise, soit dans son commerce d'hor-
logerie, soit par son zèle pour les
malheureux de toutes les communes
des environs. Et ma mère de rendre
justice à son attachement pour la famille. Il l'accompagnait dans toutes
les promenades du dehors, et dans
celles du jardin, que mon père avait
aimées.

Pour vous donner une idée de sa
conduite, je vous citerai un fait par-
ticulier.

Un jour, ma mère s'étant trouvée
assez gravement indisposée, on alla
chercher le docteur de Vaugirard. Le
danger n'existait pour ainsi dire plus
quand l'abbé arriva. Il montra les

craintes les plus vives, pleura presque, et, après quelques grimaces de
cette espèce, parut réfléchir profondément, ouvrit la porte brusquement,
et disparut comme un éclair.

On ne savait que penser de cette
bizarrerie.

Dix heures venaient de sonner ; ma
sœur, tranquille sur l'indisposition
de ma mère, allait se retirer dans sa
chambre. Le temps était épouvanta-
ble. La pluie tombait par torrens. On
ne voyait la terre ni les arbres, si ce
n'est quand les éclairs sillonnaient le
ciel en tous sens. De mémoire d'homme
on n'avait vu pareil ouragan dans le
pays.

On frappe fortement avec le mar-

teau de la porte. La domestique court
et demande ce qu'on veut. C'était
M. l'abbé, accompagné d'un méde-
cin qu'il avait été chercher à Paris,
et qui sans doute s'attendait à trouver
sa malade expirante.

Le docteur reconnut bientôt l'er-
reur de M. l'abbé. On fit du feu pour
sécher les habits du prêtre et du mé-
decin, et, le mauvais temps ayant
cessé vers minuit, ils s'en allèrent.

Enfin mon abbé s'impatronisa tellement dans la maison que le maître
perdu fut remplacé par lui.

Voici la catastrophe. M. l'abbé
voulut renvoyer la domestique, vieille
fille que mon père avait prise peu
avant son mariage, pour attacher au

service de ma mère une autre domestique de son choix. Ma mère hésitait pourtant ; mais, faible, elle céda. La pauvre Marguerite vint me trouver, se plaignit, et, encouragée par la candeur de mes regrets, finit par me faire part de ses craintes. Elle avait voulu déjà en entretenir plusieurs fois ma mère, mais, prévenue qu'elle la savait en faveur de l'abbé, elle n'avait osé.

Je pris mon parti sur-le-champ. J'allai chez ma mère et l'instruisis de ce que m'avait dit Marguerite, c'est-à-dire de ses appréhensions au sujet de ma sœur, qu'elle supposait devoir succomber un jour aux séductions de l'abbé. Nous nous rendîmes à la chambre de ma sœur pour nous en expliquer librement avec elle. Comme nous arrivions à sa porte, nous entendîmes du bruit et des cris que l'on cherchait à étouffer. La clef étant dans la serrure, nous entrâmes encore assez à temps pour voir jusqu'où l'oubli de toute pudeur peut porter un méchant homme. L'abbé tentait de satisfaire sa passion par la plus outrageante violence.

On le chassa honteusement, ainsi que la fille qu'il avait amenée là sans doute pour l'aider dans ses projets de séduction ; et Marguerite reprit aussitôt ses fonctions.

Rentré au séminaire, je contai toute cette histoire à quelques-uns de mes amis. Ce fut alors seulement que j'appris les épouvantables crimes de Mingrat, de Contrafatto, de Molitor, du curé d'Issy, qui jeta un de ses deux enfans nouveau-nés derrière un tas de fagots, où il mourut; du curé de Vincennes, et de tant d'autres personnages que jusque là j'avais regardé comme des saints.

Le supérieur sut la conduite de l'abbé, et lui infligea une retraite de huit jours, au grand déplaisir de mes amis, qui pensaient qu'on aurait dû lui interdire le séminaire, parce que c'était déjà la sixième ou septième fois qu'il appelait sur lui un blâme de cette espèce et une semblable punition.

Ces événemens et les lumières que j'avais acquises m'ouvrirent enfin les yeux. J'avoue qu'il n'y en eût point eu encore assez pour me faire prêter l'oreille aux enseignemens du pasteur C., si sa fille ne m'avait inspiré dès long-temps la passion la plus vive. Je lui redis tout ce qui m'était arrivé, tout ce que je pensais des débauches de notre clergé. Il en prit texte pour renouveler ses instances, et bientôt je ne lui opposai plus que mes appréhensions de déplaire à ma mère. Mais, poussé par son amour pour son culte et pour la morale publique, ce digne ministre alla trouver ma mère, qu'il finit par persuader.

Je me préparai donc à mon chan-

gement de religion. Un mois après
j'appartenais à la réforme, j'épousais
la douce et pure Angélique, je faisais
mon début dans le temple Sainte-Marie.

Mon cher condisciple, qui ne savez
peut-être où aller passer votre journée, venez chez moi : demain, plus
tranquille, vous verrez ce que vous
devez faire pour rentrer dans votre
famille et pour votre avenir. Si la
vue de mon bonheur et mes conseils
vous touchent, si vous pouvez y pui-
ser des avertissemens salutaires, eh
bien, vous dégageant des préjugés
de la prêtrise, vous suivrez mon
exemple, vous vous consacrerez à
un culte qui n'exclut ni les sentimens

de la nature ni les devoirs du citoyen.

Jules accepta la proposition de son ami, d'aller chez lui jusqu'au lendemain, s'en remettant, pour le surplus, aux inspirations du ciel.

Ils quittèrent les Tuileries et gagnèrent la rue Saint-Honoré. Comme ils passaient devant l'Oratoire, Klein offrit à Jules d'entrer dans ce temple. Ils y entrèrent.

L'éloquent Monod captivait l'attention de son auditoire par une brillante amplification sur les bienfaits de la tolérance; l'élévation de ses pensées, l'élégance de ses expressions, l'heureux tour de ses phrases, la hauteur de ses principes, étonnèrent

Jules, frappèrent son imagination, redoublèrent ses irrésolutions.

Le vénérable pasteur cessa de parler ; il s'agenouilla pour faire sa prière, et tous les fidèles s'agenouillèrent avec lui.

Comme il traversait le temple pour se retirer, Henri Klein s'approcha et lui présenta Jules, dont il lui vanta les talens, dont il lui vanta la conquête. Le pasteur le remercia de son zèle, et prodigua les encouragemens à Jules.

Les deux amis se rendirent au logis de Klein. Les caresses de la jeune femme à son mari, les manières affectueuses avec lesquelles elle reçut

Jules et l'installa dans la petite chambre qu'elle lui destinait, l'attendrirent infiniment. Ah! si Eugénie eût compris son cœur !...

Jules ne voulut pas quitter la maison de son ami ; il s'était décidé, et, cherchant avec avidité une conviction nouvelle dans une étude qui lui avait été jusque là étrangère, il ne sortait pas, afin de n'avoir point à redouter de distractions.

Au bout de six semaines il abjura le catholicisme, fut attaché au temple de Sainte-Marie, et se logea dans une maison voisine.

Fanatiques et débauchés du culte romain, que d'âmes dévouées vous enlevez à vos églises !

CHAPITRE V.

Lettres.—Retour inutile.—Que devenir?

Le père Hubert n'avait pas cessé ses visites à Juliette, et il avait suivi son retour graduel à la santé. Elle avait repris une partie de son embonpoint; l'incarnat de ses joues et de ses lèvres reparaissait aussi brillant qu'autrefois; son regard, vif et tendre à la fois, aurait pu exercer le même empire que lorsqu'il subjugua le cœur de Jules, de ce Jules ingrat à tant d'amour, et que Juliette ne supposait pas dédaigné, malheureux, et surtout apostat.

Douce, bonne, prévenante, spirituelle, plus instruite qu'on ne l'aurait cru d'abord, prouvant chaque jour une intelligence susceptible de recevoir des impressions solides et durables, elle avait plu aux sœurs, qui s'étaient montrées envers elle indulgentes et empressées.

Pendant leurs petites causeries intimes les sœurs avaient arrêté un projet qui tendait à attacher Juliette à leur espèce de congrégation. Les caresses, les séductions de tout genre, et sans calcul en apparence ; la peinture d'une vie calme, uniforme, pure ; les récompenses que le ciel accorde aux êtres qui se vouent au service désintéressé de leurs semblables, tout avait été successivement mis en usage pour la décider à quitter un monde où le souvenir d'un bonheur passé la retenait encore par les liens de l'espérance.

Voyant que le père Hubert la pressait de quitter ce triste séjour de l'Hôtel-Dieu, les sœurs voulurent tenter un dernier effort. Elles la firent venir dans leur salle de garde, lui rappelèrent les malheurs dont elle avait été jusqu'alors accablée, l'incertitude de sa position actuelle et les craintes dont l'idée de l'avenir devait l'assaillir sans cesse. Revenant sur le tableau du bonheur de la paix

religieuse, elles cherchèrent à l'é-
mouvoir en la faisant monter au ciel
par des anges chargés de la conduire
aux pieds du Seigneur.

Juliette leur dit tout ce que put lui
inspirer la reconnaissance d'aussi
grandes bontés ; mais elle refusa d'en
profiter, se croyant indigne des bienfaits promis au sacrifice qu'on lui demandait.

Tout ce que les sœurs purent obtenir d'elle, ce fut que, si l'infortune
continuait de la poursuivre, elle n'hé-
siterait point à venir se confier à leurs
soins.

Le jour luit enfin où les portes de
l'Hôtel durent s'ouvrir devant elle.
On lui rendit les effets qui la vê-

IV.   10

taient au moment de son entrée dans
l'hospice, et, couverte des seuls biens
qu'elle possédât au monde, elle sortit, tenant le bras du père Hubert,
après avoir reçu la bénédiction des
sœurs, qui l'aimaient, après avoir vu
dans leurs yeux quelques larmes in-
volontaires.

Elle pensa suffoquer en respirant
l'air vif du parvis, et le mouvement
qu'elle en ressentit, joint à la joie
d'une liberté tant désirée, et à l'espérance de revoir son Jules chéri,
faillit lui causer une rechute dange-
reuse. Le père Hubert l'avait prévu
sans doute, car, l'ayant fait asseoir
sur un banc de pierre, il tira de sa
poche un flacon de sels d'Angleterre,

lui en fit respirer, courut chercher un verre d'eau chez une fruitière voisine, enfin lui rendit ses forces un instant suspendues.

Ils se rendirent à la chambre de Juliette, qui chercha en vain à tourner sa clef dans la serrure. Il était question de recourir au serrurier, quand vint une vieille femme qui parut effrayée de ce qu'on essayait de forcer sa porte. On s'expliqua : la femme âgée leur apprit qu'elle habitait depuis un mois cette chambre, et qu'en y entrant elle l'avait trouvée vide.

Le père Hubert et Juliette descendirent chez le propriétaire, habitant le second étage, homme important... dans sa maison.

Aux réclamations de Juliette le propriétaire répondit , d'un ton haut et
insolent , qu'ignorant ce qu'était de-
venue sa locataire , craignant pour le
terme échu et pour le terme à échoir ,
il avait fait ouvrir et débarrasser les
lieux, et s'était couvert de ses loyers
par la vente du peu de meubles qu'il y
avait trouvés. J'y suis même pour
quelques frais , ajouta-t-il.

Juliette montra du chagrin de la
perte de ses petits meubles et du petit
nombre d'objets qu'elle avait laissés
dans sa chambre.

. Ma foi, mademoiselle, lui dit le juif,
il fallait vous arranger pour me payer.

Juliette se tut.

Le père Hubert , le chapeau légèrement incliné sur la droite, les bras croisés, le pied droit avancé, et l'œil fixé sur le juif à loyers, prit la parole : Savez-vous, monsieur, où ce que vous avez fait là peut vous conduire ?

— Ça ne vous regarde pas; mêlez-vous de vos affaires.

— Vous avez donc oublié que Mirabeau, le plus célèbre des orateurs de tribune, disait que la cause de tous les opprimés était la sienne. Eh bien! celle de cette jeune fille est la mienne, à moi! Et nous allons voir comment vous vous retirerez du mauvais pas où vous vous êtes mis. Quel est le magistrat qui vous a autorisé à violer le domicile d'une jeune citoyenne? Où sont les actes qui consacrent vos droits? Vous êtes entré de

vive force dans la chambre d'une de
vos locataires ; vous l'avez dépouillée
de ses effets... Et si la jeune fille vous
appelait aux assises? Si elle vous faisait condamner à l'indemniser d'une
valeur décuple de celle que vous avez
retirée? Que diriez-vous?

— Monsieur, j'ai seulement voulu
garantir mes intérêts!... Seriez-vous
un...? Monsieur, je puis vous prou-
ver que je n'ai pas reçu tout ce qui
m'est dû !... Je suis un homme d'h......
connu dans le quartier... La seule
chose que j'ai conservée, c'est une
dizaine de reconnaissances....

— Donnez.

— Je vais avoir l'honneur de vous
les remettre.... Les voici.

— C'est bien.

— De grâce, monsieur, ne me faites aucun mal....

— Adieu.

— Monsieur....

— Nous nous reverrons.

— Monsieur, puis-je croire....?

— Oui.

— Que vous me ferez la grâce....?

— Bon! bon! Venez, Juliette.

Et ils partirent.

Le propriétaire passa une triste journée et dormit mal la nuit suivante : il voyait toujours à ses trousses les huissiers de la police correctionnelle, ce qui n'indiquait pas une conscience très-pure.

Cependant Hubert ne pensait plus à lui. Il n'était occupé que de Juliette.

Il mena la jeune fille chez lui.

Écoutez-moi, lui dit-il. Nous sommes tous frères, a dit un apôtre dont je ne sais plus le nom, et après lui un fameux orateur de la Constituante. Vous avez reçu Jules et vous m'avez reçu moi-même chez vous : la première des vertus est la reconnaissance!... Vous resterez ici jusqu'à nouvel ordre. Mes deux pièces logeables ont chacune une entrée sur l'antichambre : vous prendrez celle-ci, que vous connaissez déjà , et moi je m'installerai dans l'autre..... Pas d'objections.... Où iriez-vous?

L'arrangement se fit sans retard.

Le père Hubert alla ensuite aux provisions, laissant Juliette mettre de l'ordre dans la maison. Il rentra bientôt, mais il apporta, au lieu de provisions, de la toile pour des chemises et de l'étoffe pour des robes, car Juliette n'avait rien ! Et Juliette de ne pouvoir le remercier, tant elle était attendrie de procédés aussi généreux.

A deux heures il l'emmena dîner à Ménilmontant, dans une maison qu'on nomme les *Barreaux verts,* où l'on peut prendre ses repas sous des berceaux couverts de feuillages et de fleurs. Il en fut de même pour les jours qui suivirent, car le père Hubert ne voulait pas que sa bonne petite Juliette fatiguât en rien.

Un matin , qu'il était sorti et rentré avant le réveil de Juliette , il lui dit :

Les ouvrages d'aiguille vous conviennent à merveille , je m'en suis aperçu : comme il faut à jeune fille occupation qui la maintienne dans l'habitude du travail et lui soit profitable , j'ai cherché s'il n'y aurait pas moyen de vous en procurer une convenable. J'ai trouvé , ici près , rue Saint-Louis , une dame qui tient un magasin de lingerie assez considérable , laquelle veut bien vous recevoir; elle vous nourrira , vous logera , vous blanchira , et ne vous donnera rien de plus pendant les trois premiers mois. Alors elle déterminera le prix qu'elle jugera devoir attacher à votre travail.

Ne croyez pas , ma bonne petite Juliette , qu'en agissant de la sorte je
veuille me séparer de vous : si je ne
consultais que mon cœur, nous ne
nous séparerions jamais. C'est un sacrifice que je fais à votre intérêt.
Qu'en pensez-vous , ma bonne petite
Juliette ?

Juliette multiplia les expressions de
sa gratitude, et accepta. La visite fut
faite à la lingère dans la journée, et
l'on convint que l'engagement ne
commencerait que le premier du mois
suivant, ce qui retardait l'époque de
douze jours.

Le 31 août Juliette faisait ses pré-
paratifs pour le lendemain , le père
Hubert était absent : on sonne , Ju-

liette ouvre , ouvre , pousse un cri et perd connaissance. Jules , car c'était lui, la retint dans ses bras, lui prodigua les secours d'usage. Elle ouvrit les yeux , regarda Jules quelque temps sans parler , pleura , se plaignit amè-rement de son oubli.

Jules, muet d'effroi et d'étonne-ment , ne l'interrompit pas d'abord ; ce ne fut qu'après le premier moment de surprise passé, qu'il put répondre aux plaintes de Juliette.

— Que faites-vous chez mon oncle, Juliette ?

— Monsieur Hubert vous le dira.

— Est-ce un secret que vous n'o-siez avouer ?

— Arrêtez-vous , monsieur , ou

mettez plus de mesure dans votre injustice. Aucune de mes actions n'a
besoin de secret. Je ne me cache pas,
moi ; je ne laisse pas ma famille et
mes amis des mois entiers dans une
inquiétude mortelle. Je ne me montre
pas , par un silence ingrat , insensible
aux pleurs que je fais répandre, et, si
je les avais fuis, en revenant à eux, je
ne les aborderais pas avec de vilaines
pensées.

— Tu as raison , Juliette, je mérite
tous les reproches que tu me fais.
Mais quand j'étais dans cette chambre,
malade encore , et que je t'attendais ,
je ne t'ai plus revue! Victime d'événemens extraordinaires , je reviens ; et
je te retrouve là !

— C'est qu'il est des cœurs honnê-
tes et généreux, comme il en est
d'inconstans et de légers.

— Tes plaintes sont fondées. Pardonne-moi, Juliette.

— Je ne suis pas fâchée. Votre oncle
vous doit-il revoir aujourd'hui pour
vous perdre demain ?

— Non, je reste à Paris. J'habite
dans le voisinage, heureux des circonstances qui me rapprochent de
toi.

— Je crois en effet à votre bonheur.

— Juliette, j'ai toujours eu en toi
une confiance sans bornes, à laquelle
ton attachement pour moi te donne
des droits incontestables ; te dire mes
égaremens, mes fautes, mes cha-

grins, me soulagerait d'un fardeau insupportable ; veux-tu entendre ma confession ? Je serai sincère. En censeur rigoureux de ma conduite, tu m'imposeras les moyens d'en racheter les erreurs : je ferai tout pour rentrer en grâce auprès de toi, pour mériter de nouveau ta tendresse !

— Pour me tromper ensuite, comme vous l'avez déjà fait !

— Non, Juliette. Le malheur a pesé sur ma tête et m'a rendu sage. Tu peux compléter l'ouvrage du ciel ! Juliette, veux-tu m'entendre ?

— Parlez, j'écouterai.

— Eh bien, il ne tient qu'à toi que mon sort soit à jamais fixé ; après avoir été si long-temps le jouet des

passions , je touche enfin au port....
Je suis prêtre.....

— Prêtre , Jules !.... prêtre !... Oh!
mon Dieu !...

Et la pauvre petite sentit ses genoux fléchir, une pâleur subite couvrit son visage ; elle allait tomber ,
Jules s'empressa de la soutenir.

— Oui , ma Juliette , je suis prêtre;
mais , grâce au ciel , mon état, loin
de mettre obstacle à notre bonheur ,
ne peut qu'y contribuer. J'ai abjuré
le catholicisme , je me suis séparé
pour toujours de cette église intolé-
rante qui ne veut pour ministres que
des hommes capables d'étouffer dans
leur cœur tout sentiment généreux ,
et qui prétend suppléer par un fana-

tisme barbare au noble enthousiasme;
enfin, Juliette, je suis prêtre d'une
religion qui console et d'un Dieu qui
pardonne, je suis ministre protestant...
Ma religion me permet d'aimer, et
notre union peut être légitime.

Juliette ne pouvait répondre, tant
ces paroles l'avaient troublée ; mais
peu à peu son visage reprit toute sa
sérénité , et le bonheur brilla dans
ses yeux.

— Juliette, reprit le jeune homme,
me pardonnes-tu ?

Pour toute réponse la pauvre petite passa ses bras autour du cou de
Jules; les lèvres des deux amans se
touchèrent , et pendant quelques se-
condes ils oublièrent le monde en-

tier. Peut-être le bonheur qu'ils goû-
taient se fût-il prolongé, mais en ce
moment le père Hubert parut à la
porte que Jules avait laissée entr'ouverte.

— A la bonne heure! s'écria-t-il,
les opinions doivent être libres, et
les sentimens aussi..... Dieu merci,
Hubert n'a pas encore oublié les
droits de l'homme; mais pour le moment il s'agit de savoir si le domicile
de l'oncle peut être impunément violé
par le neveu, et si un honorable citoyen est libre de se faire le protecteur
de..... Sacredieu, Jules, il faut pourtant savoir ce que tu veux et ce que
tu ne veux pas. Qui choisit prend pis,
dit le proverbe, je le sais; mais tu

dois savoir aussi qu'à chasser deux
lièvres à la fois on perd son temps,
car qui trop embrasse mal étreint.
Sois comédien ou prêtre, je le veux
bien ; mais aujourd'hui l'un et demain l'autre, c'est trop fort... Quant
à vous, ma belle enfant, je me trouve
dans la nécessité de vous rappeler à
l'ordre.§... Quel diable ! ne voyez-vous
pas que sur ce pied-là l'avenir ne peut
manquer de ressembler au passé ?...
Et le passé, mon enfant, c'est la
misère , les chagrins, l'hôpital...

—Ah ! monsieur Hubert, monsieur
Hubert, s'écria Juliette, vous ne sa-
vez pas.... Vous ne pouvez savoir.....
Tous mes maux sont finis..... Jules

m'aime encore, il promet de m'aimer
toujours.

— Bon, bon! je connais l'homme;
toujours, dans ce cas-là, veut dire
jusqu'à la nouvelle occasion.... Cor-
bleu! je ne suis pas d'humeur à souf-
frir que le peu de bien que je puis
faire soit anéanti par un caprice.....
Encore une fois, Jules, il faut en
finir; car des discours, c'est joli.....
Rien n'est beau comme un bon discours, mais les actions valent mieux
quand il s'agit d'atteindre au but.

— Je me retire, mon oncle, puisque vous me chassez.

Et le jeune homme, se dégageant

des bras de Juliette, fit quelques pas vers l'escalier.

—Je te chasse, moi? s'écria le père Hubert en l'arrêtant par le bras. Décidément, le pauvre garçon mourra fou. Eh! non, sacredieu! je ne te chasse pas, mais je veux t'empêcher de faire de nouvelles sottises...! Voilà une pauvre petite que tu as failli faire mourir de chagrin, et...

— Mes torts sont grands, sans doute, et je veux les réparer autant qu'il est en moi. Obtenez le consentement de mon père et de ma mère, et dans quelques jours Juliette sera ma femme.

— A la bonne heure ! voilà qui est

parler; et je suis bien aise que tu aies tout-à-fait renoncé à te faire prêtre.

— Prêtre? je le suis.

— Allons! voici encore la tête qui déménage.

— Mon oncle, j'ai abjuré une religion qui menaçait de faire de ma vie un long supplice, je suis ministre protestant.

— Diable!... Je sais bien que cela n'est pas sans exemple; moi-même, dans le temps, j'ai abandonné la sainte Trinité pour la déesse Raison; j'ai ensuite quitté la Raison pour l'Être suprême, sous la protection du citoyen Robespierre, et j'ai passé de là dans la compagnie des Théophilanthropes, ce qui ne m'empêche pas

d'être aujourd'hui catholique, apos-
tolique romain, et citoyen français,
attendu que j'ai été baptisé à Saint-
Eustache..... Il s'agit de s'entendre et
de savoir comment on prendra ça à la
rue Saint-Louis. Quant à Bertrand,
j'en fais mon affaire ; mais, ta mère,
Dieu sait l'antienne qu'elle chantera.

— Mon oncle, je n'ai d'espoir qu'en
vous.

— Au nom de Dieu, monsieur Hubert, ne nous abandonnez pas !...

— Je n'ai pas oublié combien en
pareil cas votre parole est puissante.

— Ce que tu dis là est vrai, Jules :
la parole est un instrument que,
sans vanité, je manie assez propre-
ment.... et voilà ce que c'est que d'a-

voir étudié les grands maîtres... Mais il ne s'agit pas de tomber là comme une corneille qui abat des noix , et de commencer à parler sans savoir ce que l'on va dire ; c'est pourquoi je pense que nous ferons bien de dîner d'abord. A ventre vide, cerveau creux , et rien ne donne de bonnes idées comme un verre de vin.

Les amans avaient de bonnes raisons pour être de l'avis du père Hubert, aussi la proposition fut-elle adoptée à l'unanimité. Jules prit le bras de la jeune fille , et le père Hubert, qui ouvrait la marche, les conduisit chez le restaurateur voisin en murmurant : —Il faut avoir une fameuse tête pour mettre des amoureux

à la raison, et quand après le dessert
il faudra se séparer.... Bah! après le
dessert je ne manquerai pas d'éloquence, et avec de l'éloquence on fait
des prodiges.

CHAPITRE VI.

L'habit de marié et le réprouvé. — Se mariera-t-il ?

Après le dîner, le père Hubert se sentit en verve, et il se leva bien résolu à se rendre à l'instant même dans la rue Saint-Louis. Déjà il avait fait quelques pas et préparé l'exorde de son discours, lorsqu'il s'aperçut qu'il avait négligé deux choses fort importantes : la première de payer la carte, l'autre de séparer les jeunes gens, dont le tête-à-tête pouvait avoir des suites graves, attendu que, de tout temps, le tête-à-tête après dîner a été dangereux. Le père Hubert, il est vrai, ne savait pas cela par expérience, mais, sur ce point, la théorie lui suffisait. Le bon oncle revint donc sur ses pas, paya le garçon, et invita son neveu à se retirer tout seul.

— Quant à vous, ma belle enfant, dit-il en s'adressant à Juliette, je vais, si vous voulez bien le permettre, vous conduire chez la lingère dont je vous ai parlé, et où vous resterez jusqu'à ce que tous les obstacles soient levés.

— Quoi! mon oncle, s'écria Jules, vous voulez nous séparer?...

— Jusqu'à nouvel ordre. J'ai peur, monsieur le ministre, que vous ne poussiez trop loin la pratique des vertus théologales , et je prétends que vous en restiez à l'espérance.

Juliette rougit, Jules soupira, et tous trois sortirent sans prononcer un mot. Une heure après, Jules était chez lui, la jeune fille était installée chez sa lingère, et le père Hubert entrait chez son frère Bertrand.

— Frère , dit-il , j'ai pour principe de soutenir les faibles ; or les principes sont impérissables , comme le soutenait avec autant d'éloquence que de raison le....

— Que diable viens-tu nous chanter , Hubert? interrompit madame Bertrand..... Voici un habit de noces qu'il faut absolument livrer demain matin , et il n'est pas à moitié fait;

crois-tu que c'est avec des paroles qu'on l'achèvera?

— Sœur, s'il ne fallait, pour faire aller la besogne, que remuer la langue et enfiler des mots sans rime ni raison, tu en ferais à toi seule plus que tous les tailleurs de Paris. Mais, pour le moment, tu n'as pas la parole, car je ne veux entendre que de bonnes raisons..... Je reviens à mes principes, et je dis qu'il faut toujours tendre la main au faible et ne jamais fermer l'oreille à la voix du repentir. Or, non seulement Jules est maintenant faible et repentant, mais il est encore soumis et respectueux.

— Jules! Jules! s'écrièrent en jetant

l'ouvrage monsieur et madame Bertrand.

— Eh! oui, Jules, que vous avez failli perdre avec vos idées de séminaire que le diable emporte.....

— Tu l'as vu, Hubert?..... Tu sais où il est?

— Doucement, sœur, ne nous échauffons pas, et tâchons surtout de ne pas entraver la discussion par des incidens, car j'ai toujours remarqué que les incidens sont les ennemis les plus terribles de toute bonne proposition; avec les incidens nous arriverions à demain sans que les affaires de Jules et votre habit de noces en fussent plus avancés.

— Eh ! crois-tu, chien de bavard ,

que tu nous auras avancés d'une bou-
tonnière quand tu auras parlé pendant trois heures sans rien dire ?

— Encore une fois, madame Bertrand, vous n'avez pas la parole !

Le père Hubert dit cela avec un
accent si terrible, que sa sœur se tut
et se résigna à écouter l'orateur, qui
reprit :

— Ainsi que je vous l'ai dit cent
fois, la liberté est la source du bien :
si Jules avait été libre de se choisir un
état, il n'eût certainement pas été
s'enfermer dans un séminaire, et il
n'eût pas, par la suite, fait une foule
de sottises qui depuis long-temps nous
font sécher de chagrin. Fort heureusement Dieu, la déesse Raison, ou

l'Être suprême, comme vous voudrez l'appeler, car je suis très-tolérant de mon naturel, comme vous savez ; fort heureusement, dis-je, la Providence s'est fort à propos mêlée de l'affaire, et votre fils est maintenant l'une des lumières de l'Église....

— Jules!... mon fils!... il serait abbé?... Ah! j'en mourrais de joie!...

— Doucement donc, sœur ; il n'y a rien d'aussi traître qu'une phrase non achevée. Je disais donc que Jules est maintenant l'une des lumières de l'Église protestante.

— Miséricorde!... Le malheureux!... Hubert, cela n'est pas vrai... Jules un renégat, un apostat, un schismatique, un hérétique!... c'est impossible, Hubert, je ne croirai jamais cela.

— Qu'importe que tu le croies ou non ? c'est un fait, et ça suffit. Tu voulais que ton fils fût prêtre catholique, et il est prêtre protestant ; on fait son chemin là comme ailleurs quand on a de l'esprit, et Jules n'en manque pas ; la preuve, c'est qu'il songe à jouir de tous les avantages de sa position, et qu'il a l'intention de se marier.

— Ça m'aurait fait tant de plaisir de le voir devenir évêque ! s'écria Bertrand en laissant tomber sa tête sur sa poitrine.

— Eh ! qui te dit qu'il ne le deviendra pas, frère ?... Une jolie femme n'est jamais de trop quand on veut parvenir.

— Mais, où est-il donc ce cher enfant? dit madame Bertrand qui commençait à s'attendrir. Puis tout-à-coup jetant les yeux sur son mari, qui avait quitté le dé et l'aiguille, elle reprit :

— Miséricorde ! Bertrand, l'habit ne sera pas fait,..... et j'ai bien peur que Jules ne soit damné.

— Bon, répliqua le père Hubert, tout chemin mène à Rome, et si le ménage tient lieu de purgatoire, mieux vaut le faire dans ce monde que dans l'autre.

— Ma foi, frère, dit le tailleur en quittant de nouveau l'habit de noces, je pense que tu as raison, et à ce compte j'espère bien être sauvé.

— Tu le seras, Bertrand; mais il ne faut pas s'écarter de la question. Jules a un état; il veut prendre une femme, et pour cela il a besoin de votre consentement. Le pauvre garçon meurt d'envie de vous embrasser; en conscience, vous ne devez pas lui en vouloir, car vous avez tout fait pour le perdre, et il s'est sauvé malgré vous. Maintenant il s'agit de savoir si vous consentez...? Oui ou non; il me faut une réponse catégorique.

Bertrand n'osait répondre; il avait repris l'aiguille, et il regardait sa femme comme pour savoir ce qu'il devait dire ; mais la bonne dame prit elle-même la parole :

— Il y a femme et femme, Hubert ; on peut en prendre et en laisser. Jules n'a rien, et rien avec rien, ça ne fait pas grand'chose. Il faut donc savoir si.....

— Je m'attendais à la question, sœur. La jeune fille n'a rien qu'un joli minois, l'envie de bien faire et beaucoup d'amour pour ton fils.

— Et penses-tu que l'on vive d'amour, vieux fou ?

— Mais Jules a un état. Et puis, s'il ne tient qu'à cela pour qu'il soit heureux, je lui donnerai la moitié de ce que je possède, en attendant que ma mort le rende propriétaire de l'autre moitié.

— Pardieu! madame Bertrand, s'écria le tailleur en quittant de nouveau sa besogne, il faudrait avoir un cœur de roche pour résister à ça... J'y consens, moi! je consens à tout ce qu'Hubert voudra...

Puis, comme effrayé de l'effort qu'il avait fait pour produire sa volonté avant que sa femme se fût prononcée, le bonhomme baissa les yeux et se remit à la besogne. Au même instant la porte s'ouvrit avec violence; Jules parut, traversa rapidement la chambre, et vint se jeter dans les bras de son père.

— Ah! Jules! Jules! s'écria ma-

dame Bertrand , tu peux te flatter de
donner un fameux tintoin à toute ta
famille... On a bien raison de dire
qu'au jour d'aujourd'hui la jeunesse
n'a pas plus de religion que dessus ma
main... Qui est-ce qui aurait dit qu'un
savant comme toi qu'a fait sa *ric à
rique* à quinze ans , et qui sait le latin
et le grec depuis *Pater* jusqu'à *Amen;*
qui est-ce qui aurait dit que ça se ferait païen... ?

— Vous vous trompez, ma chère
mère , je suis protestant.

— Protestant, païen , comme tu
voudras; c'est bonnet blanc ou blanc
bonnet; toujours est-il que tu seras
damné , et c'est bien malheureux pour
une honnête famille, qui voulait faire

un saint, de n'avoir qu'un réprouvé...
Jour de Dieu! Bertrand, jamais l'habit du marié ne sera prêt à temps...

— Au diable l'habit, femme...!
hier encore j'aurais donné toutes mes
pratiques pour retrouver mon Jules.

Le jeune homme se tourna alors
vers sa mère, qui, malgré la violence
qu'elle se faisait pour paraître fâchée,
lui tendit les bras et l'embrassa en
pleurant de joie.

— Ça, dit le père Hubert, j'espère
maintenant que tout est terminé ; la
proposition est adoptée à l'unanimité.
Dans huit jours j'aurai une nièce et
vous une fille, et une bonne fille, foi
de patriote!... Je me charge des pré-

paratifs ; et je vais de ce pas prévenir la future... Pauvre enfant , elle est capable d'en mourir de joie... Toi , Jules , reste ici , tu as bien des choses à dire ; nous nous reverrons demain.

Et le bon homme partit vers Juliette, qui ne pouvait croire à tant de bonheur ; il fallut que le père Hubert lui répétât plusieurs fois ce qui s'était passé , et il ne parvint à la convaincre qu'en commandant à la lingère le trousseau de sa protégée.

Et le soir même Jules avait tout-à-fait rassuré son père et presque converti sa mère ; car, pensait la bonne femme, il doit avoir raison, puisqu'il a été au séminaire et qu'il

sait le latin. Seulement c'est bien
malheureux qu'il ne puisse devenir
évêque , car c'est une belle place et
un bon état !

CHAPITRE VII.

Est-elle coupable?—Le jour des noces.

Jules sortait du temple, il marchait lentement ; ses grands yeux noirs étaient baissés vers la terre ; il semblait réfléchir profondément. Tout-à-coup un homme lui frappe sur l'épaule en disant : — Je parie qu'il étudie son rôle.

Jules lève la tête.

— C'est toi ! Boisjoli ?

— Ni plus ni moins, comme tu vois... Mon dernier directeur a fait faillite, et il est parti avec la dernière recette; ce qui fait que si tu peux me procurer un emploi... J'imagine que tu es en pied, et ça n'est pas surprenant, car, de bonne foi, tu as presque autant de talent que moi... Ah! ça, mais qu'as-tu donc? on dirait que tu tombes de la lune?...

— Non, mon ami, je viens de prêcher.

— Qu'est-ce que tu me chantes donc?

— J'ai renoncé au théâtre; je suis ministre...

— Comment, ministre! Est-il heureux donc, ce gaillard-là!... Comment, mon ami,... c'est-à-dire monseigneur, tu es ministre, et votre

excellence est triste comme un bonnet
de nuit! Est-ce que par hasard ces ani-
maux de députés voudraient étrangler
le budget au passage?... Truffe-les,
mon ami, truffe-les; tant qu'ils au-
ront la bouche pleine, je te garantis
qu'ils ne diront rien...

— Il ne s'agit pas de cela, Jacques...

— J'espère au moins que tu ne me
refuseras pas une bonne direction;
car, entre nous, monseigneur, tu es
mon élève; c'est moi qui ai formé
votre excellence, et...

— Tu bats la campagne, Boisjoli.
Je suis ministre protestant; et lorsque
tu m'as abordé je réfléchissais à l'ac-

tion la plus importante de ma vie : je me marie demain.

— En voici bien d'une autre , par exemple!... C'est une chose remarquable que je te rencontre toujours au moment où tu te disposes à faire une sottise... Et tu épouses...?

— Juliette.

— Oh ! décidément, mon garçon, la tête n'y est plus. Juliette,... c'est une bonne enfant, je ne dis pas le contraire , la meilleure pâte de fille que je connaisse , qui a le cœur sur la main, et qui est incapable de refuser quelque chose à un ami ; mais, le diable m'emporte... Tiens, Jules, laisse-moi rire, car j'étoufferais.

— Je suis fâché de ne pas avoir ton

approbation ; mais je tâcherai de m'en passer.

— Je sais bien qu'il n'y a pas grand mal à cela : être avant ce qu'on sera après;... et puis tu la convertiras peut-être... Un de ces jours je veux te voir chanoine , grand-rabbin ou général des capucins.

— Jacques, j'ai embrassé le protestantisme par conviction.

— Tiens, cette farce !... C'est tout simple ça ; on est convaincu d'une chose aujourd'hui, et on sera convaincu d'une autre demain, et ainsi de suite ; ce qui fait qu'on a l'avantage d'avoir le sens commun de deux jours l'un... Eh ! que dira cette tendre

Eugénie, qui, il y a trois jours, se mourait d'amour et de désespoir?

— Eugénie!... Tu l'as vue? Ici un
rouge de pourpre couvrit le visage de
Jules; ses yeux brillèrent d'un éclat
extraordinaire; et comme Jacques
tardait à lui répondre, il lui saisit vio-
lemment le bras en répétant : Tu l'as
vue?... où?... quand?...

— Oh! oh! monsieur l'abbé,... c'est-
à-dire monsieur le ministre, ne nous
échauffons pas... Comment, mon cher
ami, tu veux prendre femme demain,
et le nom seul d'une ancienne maîtresse te donne des convulsions!

— Au nom de Dieu, Jacques, ré-
ponds-moi!...

— Doucement! doucement! Quel

diable! pour un ministre de paix tu
as un poignet de gendarme. Tu veux
que je te parle d'Eugénie, à la bonne
heure ; mais j'en aurai long à te dire
sur ce chapitre, et je n'aime pas les
tirades en plein vent.

— Viens donc chez moi ; je de-
meure à quelques pas d'ici.

Et il entraîna Jacques, qui souriait
à l'idée de faire changer la résolution
de son ami. On arriva bientôt dans
le modeste appartement du jeune ministre.

— Maintenant, Jacques, parle, je
t'en conjure.... Que fait-elle? Que
t'a-t-elle-dit? Ne regrette-t-elle pas...?

— Oh! parbleu! la pauvre petite

perdrait bien son temps à regretter.
Ne te maries-tu pas demain?

— Qu'importe! Parle, parle.

— Diable, qu'importe! Je t'avertis,
mon cher ami, que ce langage-là
semble bien plus appartenir à l'artiste
qu'au prêtre... Il faut avoir des mœurs
ou n'en pas avoir, il n'y a pas là de juste
milieu... Quant à Eugénie, elle en a
maintenant des mœurs, je t'en réponds;
c'est au point qu'elle pleure comme
une Madelaine en parlant de ses fautes
passées; et, ma foi, elle a tort, selon
moi, car je te jure qu'il n'y paraît pas
le moins du monde,... excepté pourtant un joli petit garçon... Le diable
m'emporte, Jules, il te ressemble
comme si,... comme si...

— Eugénie serait mère?

— Tiens, ça l'étonne; c'est pourtant bien naturel... Elle est sensible, cette jeunesse; tu sais mieux que personne comme elle est sensible... Mais, en conscience, c'est tout ton portrait...

— Passons, passons, mon ami;... tu avais tant de choses à me dire...

— Ma foi, Jules, ce n'est pas ma faute si tu me fais prendre l'histoire par la queue. Je reviens au commencement : Ta situation à Versailles n'était pas brillante; la pauvre petite avait une terrible peur de la misère, qui approchait à grands pas, et il n'y a rien qui effarouche l'amour comme la misère; quand le ventre est vide

le cœur est malade; ce qui fait que
celui d'Eugénie n'était pas dans son
assiette ordinaire. Ce n'était pas ta
faute, je le sais bien; mais c'était encore moins la sienne. La pauvre petite était triste, fort triste; elle pleurait
souvent et recherchait la solitude. Or,
rien n'est traître comme les lieux so-
litaires pour une jeune personne
qui a le cœur tendre et beaucoup de
chagrin. Un jour qu'elle se promenait
seule dans le parc, elle se trouva, au
détour d'une allée, nez à nez avec le
général C..... Ce général est un bel
homme, qui possède, à ce qu'il paraît,
un grand talent pour consoler les
belles affligées, et il remarqua tout
d'abord les larmes qui coulaient sur

les joues de la jolie promeneuse. Ce
qu'il lui dit, je n'en sais rien; mais
c'est aisé à deviner. Ce qui est certain, c'est qu'à partir de ce jour les
promenades d'Eugénie furent plus fréquentes; et le hasard, qui est excessi-
vement obligeant quand il veut s'en
donner la peine, voulut que chaque
fois ta maîtresse et le général se ren-
contrassent, et les consolations al-
laient leur train.

—Belle Eugénie, dit un jour le
général, vous avez assez cruellement
expié une légère faute qui n'est peut-
être qu'un enfantillage; quittez cette
ville, consentez à me suivre; laissez-
moi jouir du bonheur de vous rendre
à la société.

— Et elle a pu consentir ! La per-
fide !....

— Un instant, n'allons pas plus
vite que les événemens; elle n'a pas
consenti tout de suite, ça c'est une
justice à lui rendre. Mais monsieur C...
ne se découragea pas ; il revint à la
charge ; il parla d'une vieille parente
qu'il avait à Paris, et qui serait en-
chantée d'avoir une compagne comme
Eugénie. Elle céda enfin ; on vint à
Paris; la vieille parente semblait la
meilleure femme du monde ; le général de son côté ne laissait rien à dési-
rer à sa protégée, et j'imagine que
celle-ci se montra reconnaissante.
Jusqu'où la reconnaissance fut por-
tée, je l'ignore et tu le devineras si

tu veux ; mais je crois que tu ferais
mieux de ne pas le deviner.

Pendant trois mois tout alla le
mieux du monde; mais au bout de
ce temps la taille si fine d'Eugénie se
trouva augmentée de moitié, et le
général, qui, à ce qu'il paraît, aime
beaucoup les tailles fines, partit un
beau matin pour l'Italie sans dire
adieu à personne. Presque en même
temps la prétendue parente, qui s'é-
tait montrée si aimable, commença à
faire la grimace. Enfin un jour elle
dit à sa pensionnaire : — Mademoiselle, le général en partant a oublié
de me payer le quartier échu de votre
pension, et je ne suis pas en situation
de pouvoir faire crédit.

— La misérable !

— Ne t'emporte pas, mon ami : chacun son métier ; la vieille avait achevé son rôle. Eugénie sortit de cette maison le désespoir dans l'âme. Sa situation était vraiment déplorable, elle ne possédait rien. Ce fut alors que je la rencontrai. Fort heureusement j'arrivais de Rouen, et ma bourse était assez ronde. Je la forçai en quelque sorte à me raconter ce qui lui était arrivé, et à accepter ensuite la moitié de ce que je possédais... Et cela, je te prie de le croire, Jules, en tout bien tout honneur. Ah ! si tu n'avais pas été mon ami, je ne dis pas ; mais...

— Achève, je t'en conjure.

— Ça ne sera pas long maintenant.

Eugénie fit part de sa position à sa bonne tante, qui vint à son secours, et... comme je te l'ai déjà dit : la mère et l'enfant se portent bien.

— Je veux les voir, Jacques!... Je veux les voir aujourd'hui, à l'instant même...

— Oh! c'est très-facile, je suis tout prêt à t'y conduire..... Mais ne va pas dire que tu te maries demain, la pauvre petite mère serait capable d'en mourir.

Jules se leva sans répondre, et ils partirent. Dix minutes après Eugénie était dans les bras de notre héros ; torts et chagrins, ils oubliaient tout; ils étaient heureux. Boisjoli prit l'enfant qui dormait dans un berceau, et le présentant à son ami:

— Quand je te disais que c'est ton portrait.....

— C'est ton fils, Jules! s'écria Eugénie.

Le jeune homme prit l'enfant dans ses bras, le couvrit de baisers. Puis tout-à-coup son visage se rembrunit, il laissa tomber sa tête sur sa poitrine, et parut anéanti.

— Jules! Jules! s'écria la jeune mère, je ne suis pas aussi coupable que tu le crois, et j'ai cruellement expié mes fautes.... Je t'en conjure, pardonne-moi!

Et joignant les mains, elle tomba à genoux devant Jules, qui s'empressa de la relever. Quelques instans après il voulut se retirer.

— Tu veux déjà me quitter !

— Il le faut.

— Tu reviendras bientôt ?

— Demain.

A peine eut-il prononcé ce mot, qu'un tremblement convulsif le saisit; il sortit précipitamment et revint chez lui. Il passa une nuit terrible ; une fièvre brûlante le dévorait. Au point du jour il était assis près d'une petite table sur laquelle étaient deux pistolets ; il songeait à l'avenir, qui lui paraissait effrayant. Aujourd'hui même des nœuds indissolubles devaient l'unir à Juliette, et plus que jamais il adorait Eugénie, Eugénie qui lui avait tout sacrifié , fortune, parens, avenir, Eugénie qui l'avait rendu père... Mais Juliette aussi lui a tout sacrifié ; Juliette l'aime de toute la puissance de son âme ; si elle perdait Jules au moment même où elle se croit sûre de le posséder pour toujours, elle en mourrait..... Toutes ces pensées se croisent, se heurtent dans la tête du pauvre Jules ; son cœur est brisé , et il caresse de l'œil les armes qu'il a préparées.

Cependant tout s'apprête pour la cérémonie ; déjà la toilette de Juliette est terminée ; tous les invités se rassemblent chez M. Bertrand, et déjà le père Hubert commence à s'impatienter. Dix heures sonnent, et Jules ne paraît pas.

— Oh ! pardieu ! dit le père Hubert, c'est trop fort ! Je vais le chercher, et je vous réponds de lui laver la tête !...

Il part, arrive, frappe à la porte de son neveu..... On ne répond pas. Il s'adresse aux voisins, s'informe; personne n'a vu sortir le jeune ministre. L'inquiétude commence à s'emparer du bon Hubert, il fait appeler un serrurier ; la porte est ouverte.... Jules est là, étendu sur le parquet inondé de sang..... Il n'avait pu vaincre son désespoir.

FIN DU QUATRIÈME ET DERNIER VOLUME.

TABLE DES CHAPITRES.

TOME IV.

FIN DE LA TABLE.

www.ingramcontent.com/pod-product-compliance
Lightning Source LLC
Chambersburg PA
CBHW072041090426
42733CB00032B/2051